BELGIUM'S BEST BUILDINGS

LUSTER

BRUSSEL
BRUSSELS

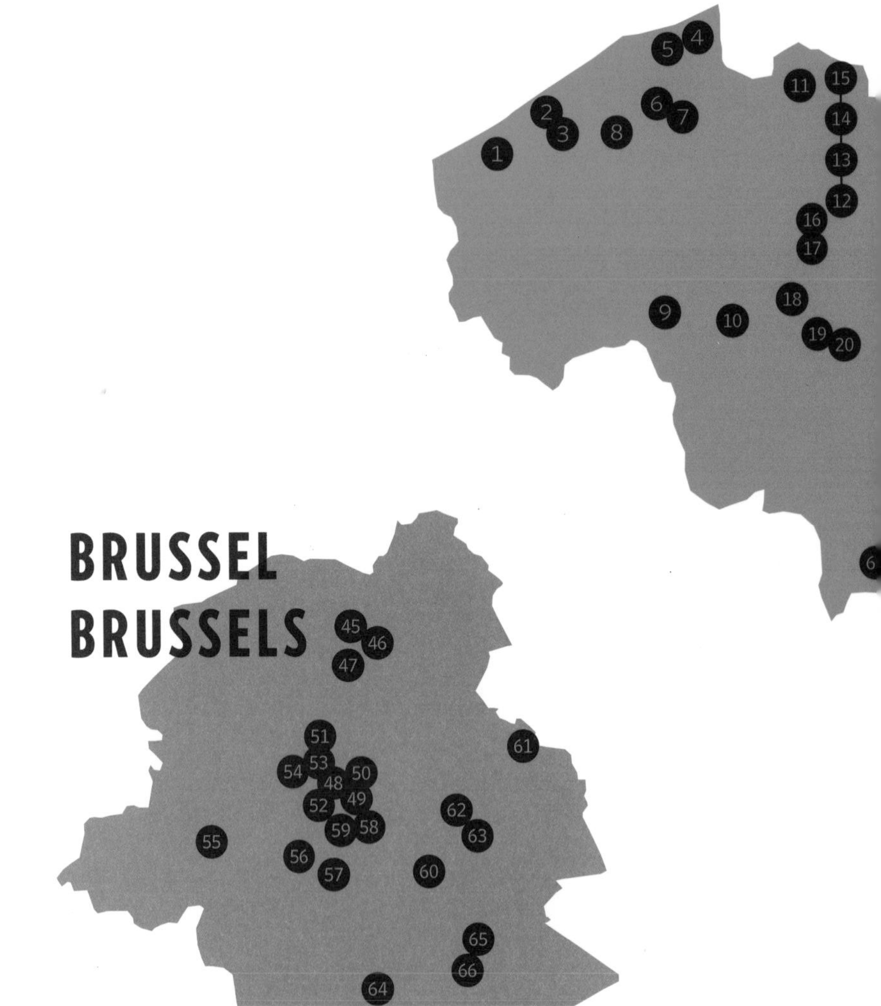

BELGIË
BELGIUM
21
22
23
25
26
27
28
29
30
31
32
33
34
35
36
37
38
39
40
41
42
43
44
67
68
70
71
72
73
74
75

ARCHITECTENWONING
HOUSE OF THE ARCHITECT

1 **Mosweg 7, Nieuwpoort**
Bouwjaren / Built in: 1956
Architect: Peter Callebout (1919-1970)

In het midden van de jaren '50 tekende Peter Callebout plannen voor de verkaveling van een nieuwe wijk, in duinengebied, in Nieuwpoort. Zijn voorstel werd afgevoerd, maar hij bouwde wel een aantal huizen op die plaats, waaronder zijn eigen woning. Het huis valt niet erg op, omdat het zo passend en bescheiden in de omgeving werd geplaatst, zonder dat aan de glooiing van de duinen werd geraakt. Eén zijde van de woning is volledig bekleed met cederhout — het gebruik van hout is een opvallend en typisch aspect van het oeuvre van Callebout, die hout als modern materiaal promootte, en hiermee aansloot bij de Scandinavische architectuur. Ook de andere materialen van de woning zijn eenvoudig: witgeschilderde bakstenen en glas. Met zijn plat dak en opvallende schoorsteen presenteert de woning zich duidelijk als moderne architectuur met een humaan karakter. Het terrasje en de houten beschutting maakten geen deel uit van de eerste ontwerpen; ze werden door Callebout toegevoegd als een referentie naar de Japanse architectuur van de die tijd, die hem fascineerde.

In the mid-1950s Peter Callebout drew up a site plan for a new housing district in an area of dunes in Nieuwpoort. Although his proposal was ditched, he did build a number of houses on the site, among them a home for himself. The house is rather inconspicuous owing to the careful, almost discreet way it is set in its surroundings without touching the undulating dune landscape. One side of the house is faced entirely with cedar timber. A striking and typical aspect of Callebout's work is his use of wood, which he promoted as a modern material, thereby displaying his affinity for Scandinavian architecture. The other materials used are also simple: white-painted brickwork and glass. With its flat roof and striking chimney the house clearly reads as a work of modern architecture with a humane character. The terrace and the timber facing were not part of the initial design; they were added by Callebout as a reference to the Japanese architecture of the time, which fascinated him.

FORT NAPOLEON

❷ **Vuurtorenweg, Oostende**
Bouwjaren / Built in: 1810-1814 & 1995-2000
Architect: onbekend / unknown, Govaert & Vanhoutte architectuurburo

Het fort van Oostende werd door Spaanse krijgsgevangenen en Franse geniesoldaten gebouwd in opdracht van Napoleon, om weerstand te kunnen bieden aan de dreiging vanuit Engeland. Het imposante vijfhoekige gebouw midden in de duinen is een in deze streken zeldzaam voorbeeld van vestingbouw, met bakstenen muren van 2,5 meter dik, schietgaten, caponnières en zo meer. Maar het heeft nooit als militair bouwwerk gefunctioneerd. Tijdens WO I was het een luxueus onderkomen voor de Duitsers, tijdens WO II diende het als logement, en daarna raakte het in verval. Tot in 1995 de Stichting Vlaams Erfgoed eigenaar werd en dringende instandhoudingswerken liet uitvoeren. Later werd gewerkt aan de herbestemming van het gebouw, als een historisch monument, een culturele ruimte en een café-bistro. Het architectenduo Govaert en Vanhoutte koos voor een drastische ingreep: aan de kant van de zee werd een gat gemaakt in de buitenste dikke vestingmuur, en over de gracht werd een zwevend rechthoekig volume van staal en glas gebouwd van waaruit je een ongehinderd zicht hebt op zee. Op het dak van deze ruimte is het terras van de bistro.

The fort in Ostend was built by Spanish prisoners of war and French engineers on the orders of Napoleon in response to the threat from England. The imposing pentagonal building set in the dunes is a rare example of fortress construction in this region and boasts 2.5-metre-thick brick walls, loopholes, caponiers and so on. But it was never used as a military structure. During World War I it provided luxury accommodation for the Germans, and during World War II it served as a lodging house. After that it fell into disrepair. Fortunes turned in 1995 when the Flemish Institute for Heritage acquired the property and carried out urgent maintenance work. It was then refurbished and turned into a historical monument open to the public and containing space for cultural activities and a café-bistro. The architecture duo Govaert and Vanhoutte opted for a dramatic intervention by punching a hole in the thick outer wall of the fortress facing the sea and building an oblong floating volume of steel and glass over the moat, from where you enjoy an unobstructed view of the sea. On the roof of this space is the bistro terrace.

VOORMALIG PTT-GEBOUW
FORMER POSTOFFICE

❸ **Hendrik Serruyslaan 18, Oostende**
Bouwjaren / Built in: 1947-1953
Architect: Gaston Eysselinck (1907-1953)

De Gentse architect Gaston Eysselinck was een bewonderaar van Le Corbusier. Het Oostendse postkantoor dat hij tekende in opdracht van de PTT (het is zijn enige publieke gebouw) is een gesloten kubistisch pand waarvan de architectonische kwaliteiten pas in de jaren 1960 werden erkend. Ter hoogte van de hogere verdiepingen liet hij het volume afnemen, zodat de naburige straten niet verstoken zouden blijven van licht. De gevels werden opgetrokken in blauwe hardsteen, en het raamwerk werd uit brons vervaardigd.
In 1981 werd het PTT-gebouw geklasseerd als monument. Nadat het in 1999 zijn loketfunctie verloor, kwam het pand gedeeltelijk leeg te staan. Sinds 2010 zijn de bouwwerken gestart om van het voormalige PTT-gebouw een 'cultuurfabriek' te maken. De transformatie, waarbij de originele structuur en de lokettenzaal bewaard blijven, is een project van de B-architecten. In het hart van het gebouw komt een open publieke ruimte: een amfitheater dat de ontmoetingsplaats zal zijn voor de verschillende gebruikers van het gebouw. Onder het plein komt een grote theaterzaal.

The architect Gaston Eysselinck from Ghent was an admirer of Le Corbusier. The post office in Ostend, which he designed to a commission from the PTT, was his only public building. It is a closed cubic structure whose architectural qualities were only recognised in the 1960s. The uppers floors step back to reduce the bulk of the volume and, hence, ensure that neighbouring streets are not deprived of light. The façades are built of Belgian blue limestone, and the window casing is made of bronze. In 1981 the PTT building was listed as a protected monument. Part of the building became vacant after it ceased to operate as a post office in 1999. Work started in 2010 to turn the former PTT building into a 'culture factory'. The transformation, in which the original structure and the hall with customer counters will be preserved, is the work of B-architecten. The heart of the building will accommodate an open public space: an amphitheatre that will act as a gathering place for the different occupants of the building. Located beneath the square is a large auditorium.

PTT

WONING DE BEIR
HOUSE DE BEIR

4 **Dumortierlaan 8, Knokke**
Bouwjaren / Built in: 1924
Architect: Huib Hoste (1881-1957)

Huib Hoste is een markante figuur uit de Belgische avant-gardescene van het interbellum, en een vertegenwoordiger van het modernisme in Vlaanderen. Hij genoot internationale faam en was bevriend met kunstenaars van De Stijl, waaronder Mondriaan. Dat zie je aan het zogenoemde 'Zwart Huis' in Knokke. De gevel van het hoekhuis doet denken aan de rasters van sommige van Mondriaans schilderijen, en vierkanten, rechthoeken en kubussen vormen de basis van de constructie. Grote ramen en een centrale koepel laten toe dat het licht overvloedig naar binnen stroomt. De opdrachtgever, huisarts Raymond de Beir, wilde, zoals veel bouwheren in het interbellum, dat het huis ruim, goedkoop en snel te bouwen was. Hoste werkte daarom met beton en gestandaardiseerde elementen. Verder wordt het huis gekenmerkt door een gedurfd kleurgebruik: de gevel is beschilderd met zwarte teer, de sokkel waarop het gebouw staat is bezet met terracottategels, de ramen zijn wit en de lijsten vuurrood. Onder meer dankzij de kleuren is het huis nu een beschermd monument.

Huib Hoste was a striking personality in Belgian avant-garde circles between the wars, and a representative of modernism in Flanders. He enjoyed international acclaim and was friends with artists from De Stijl, among them Mondrian. This is evident in the 'Black House' in Knokke. The façade of the corner house calls to mind the grids of some of Mondrian's paintings, and squares, rectangles and cubes constitute the basis of the structure. Large windows and a central cupola ensure that daylight floods the interior. Like so many clients in the inter-war years, family doctor Raymond de Beir wanted a house that was spacious, cheap and quick to build. That is why Hoste worked with concrete and standard components. Moreover, the house is distinctive on account of its daring use of colour: the façade is painted with black tar, the plinth on which the building stands is covered with terracotta tiles, the windows are white, and the frames are crimson. The house is now a protected monument thanks in part to the colour scheme.

VOETGANGERSBRUG
FOOTBRIDGE

5 **Koningin Elizabethlaan, Knokke**
Bouwjaren / Built in: 2007
Architect: Ney & Partners

Vlaanderens meest gevraagde bruggenbouwer Laurent Ney bouwde in opdracht van de Vlaamse gemeenschap een passerelle voor de gemeente Knokke-Heist. Ze markeert de grens van de badstad Knokke-Heist, en ze vormt vooral ook de verbinding tussen twee toeristisch belangrijke zones: de zeedijk en het natuurgebied van de polders. Beide zones worden nu toegankelijker voor fietsers en voetgangers. De brug bestaat uit aaneengelaste gebogen staalplaten van 12 millimeter dik. Samen vormen ze een soort van stalen hangmat, en daarin ligt het betonnen wegdek. De zijkanten van de plaat lopen uit onder een hoek van 45° ten opzichte van de as. Het uitzonderlijke design van de brug, haar sterke karakter en uiteraard de technische eigenschappen van de brug leverden Ney in 2011 de FootBridge Award op in de categorie 'techniek middellange overspanning'. In de categorie 'esthetiek middellange overspanning' van de FootBridge Awards 2011 kreeg de brug een eervolle vermelding, en in 2010 won ze de Staalbouwprijs.

Laurent Ney, the most popular bridgebuilder in Flanders, built a footbridge for the municipality of Knokke-Heist. It marks the boundary of the seaside resort of Knokke-Heist, but more significantly, it connects two important tourist zones: the sea dike and the scenic polders. Both zones are now more accessible for cyclists and pedestrians. The bridge consists of 12-millimetres-thick steel sheets welded to one another to form what looks like a steel hammock that carries the concrete road surface. Facing the sides are sheets tilted at a 45-degree angle from the vertical. The exceptional design of the bridge and its strong character, not to mention the technical qualities of the structure, earned Ney the FootBridge Award in 2011 in the category 'medium-length span engineering', as well as an honourable mention in the category 'medium-length span aesthetics'. It also won the Steel Structure Prize 2010.

CONCERTGEBOUW
CONCERT HALL

6 **'t Zand 34, Brugge**
Bouwjaren / Built in: 2000-2002
Architect: Robbrecht en Daem architecten

Het Brugse concertgebouw is een van de visitekaartjes van de Gentse architecten Paul Robbrecht en Hilde Daem, die zowel in binnen- als buitenland al heel wat prestigieuze projecten hebben gerealiseerd. Het concertgebouw valt op in het historische kader van de Brugse binnenstad, in de eerste plaats door de bekleding van de buitenmuren met duizenden terracottategels, in een kleur die heel specifiek bepaald is door de architect: een diepe, getemperde vorm van bloedrood dat doet denken aan de terracottatinten van de verweerde dakpannen van Brugge. De compositie van het betonnen gebouw is geschakeerd, maar door de uniforme bekleding van de gevel en het dak geeft het een monolithische indruk. Het belangrijkste aspect van een concertgebouw is uiteraard de akoestiek, en wat dat betreft behoort het Brugse concertgebouw tot de wereldtop, onder andere dankzij de meer dan 4500 veren waarop het hele gebouw rust (om de trillingen van de tunnel onder het Zand te neutraliseren), speciaal geïsoleerde ramen en een wandbekleding van gipsplaatjes.

The concert hall in Bruges is in many respects one of the calling cards of the architects Paul Robbrecht and Hilde Daem from Ghent. The concrete concert hall stands out in the historical context. It's composition is irregular but the uniform cladding on the façades and roof gives the impression of a monolithic object. The colour of that cladding (thousands of terracotta tiles) was chosen very precisely by the architect: a deep, tempered shade of blood red that recalls the terracotta tones of the weather-stained roof tiles of Bruges. The most important aspect of a concert building is of course the acoustics, and as far as that is concerned the Bruges concert hall ranks among the best in the world, thanks in part to the over 4500 springs that support the building (to neutralise the vibrations from the tunnel under Zand Square), specially isolated windows, and a walls lined with plaster panels.

PAVILJOEN
PAVILION

7 Burg, Brugge
Bouwjaren / Built in: 2000-2002
Architect: Toyo Ito & Associates

Het ranke paviljoen in Brugge van de Japanse architect Toyo Ito, in wiens oeuvre het vluchtige en het kwetsbare centraal staan, was (en is) controversieel, omwille van het tijdelijke, vergankelijke karakter ervan: vijf jaar na de bouw was het zo beschadigd en verweerd (de vloer van de brug was in elkaar gestort door het gewicht van een vorklift), dat het afgebroken zou worden. In 2008 werd het na verhitte discussies tussen verschillende autoriteiten toch beschermd. Met behulp van innoverende technieken en met zuivere architecturale lijnen creëerde Ito een lichte aluminium constructie, met een vijver en brug. Het is een beeld van lichtheid en vooruitgang, maar ook van vergankelijkheid en evolutie. Het paviljoen staat symbool voor de ambitie van Brugge om, als culturele hoofdstad van Europa in 2002, het historische karakter van de stad te verbinden met het hedendaagse. Het paviljoen wordt gerenoveerd, en daarbij zullen de oorspronkelijke breekbare doorzichtige wanden vervangen worden door glas. De bijzondere brugconstructie zal niet langer in het water van de vijver liggen.

The slender pavilion in Bruges by Japanese architect Toyo Ito, key concepts in whose work are transience and fragility, was and is controversial on account of its temporary and transient character. Five years after its construction it was so damaged and weathered (the floor of the bridge had collapsed under the weight of a forklift) that demolition was planned. Yet in 2008 it was listed as a protected structure after vehement discussion between various authorities. The pavilion symbolised the ambition of Bruges to connect the historical character of the city with its contemporary position as World Culture City 2002. With the help of innovative techniques and with pure architectural lines, Ito created a light aluminium structure with a pond and bridge. It is an image not only of lightness and progress but also of transience and evolution. The pavilion is undergoing renovation and, in the process, the original fragile transparent walls will be replaced by glass. The remarkable bridge structure will no longer lie in the water.

WONING / HOUSE 'DE VIER WINDEN'

8 **Gistelsteenweg 341, Jabbeke**
Bouwjaren / Built in: 1929-1930
Architect: Constant Permeke (1886-1952), e.a. / a.o.

In 1930 verhuisde de wellicht belangrijkste Vlaamse expressionistische kunstenaar, Constant Permeke, naar Jabbeke. Hij ging er met zijn gezin wonen in een modernistisch huis waarvoor hij de plannen zelf getekend had, met de hulp van bevriend architect Pierre Vandevoort. Het werd gebouwd op een perceel in een rurale omgeving dat Permeke zorgvuldig had uitgezocht: vanuit zijn atelier kon hij de omliggende weilanden zien, en het boerenleven, dat vanaf dan een belangrijke bron van inspiratie voor zijn schilderijen en sculpturen werd. De eenvoudige maar ruime woning, met een rechthoekig grondplan en een plat dak, werd perfect naar de vier windrichtingen georiënteerd, en kreeg daarom de naam 'De Vier Winden'. Vandaag is hier, en in het aparte atelier voor grote werken dat in 1935 werd bijgebouwd, het Permeke-museum gevestigd. Een deel van de woonruimte en de ateliers zijn te bezoeken, in hun oorspronkelijke staat en ingericht met werken van Permeke en enkele authentieke meubels. Bezoek zeker ook de geometrisch-kubistische tuin die het huis omringt.

In 1930, Constant Permeke (1886-1952), perhaps the most important Flemish expressionist artist, relocated to Jabbeke. He moved with his family into a modernist house that he drew up with the help of an architect friend Pierre Vandevoort. It was built on a site in a rural setting that Permeke had carefully chosen: from his studio he could see the surrounding fields and the farming life that, from then on, became such an important source of inspiration for his paintings and sculptures. With a rectangular floor plan and a flat roof, the simple but spacious dwelling is perfectly orientated in terms of wind exposure — hence the name 'The Four Winds'. Today the building is home to the Permeke Museum, with large works on display in the separate studio added in 1935. A portion of the house and the studios (which comprise some three-quarters of the house) are open to the public. These areas are still in their original condition and furnished with works by Permeke and a number of authentic pieces of furniture. Be sure to visit the geometric-cubist garden that surrounds the house.

WONING ARTECONOMY
HOUSE ARTECONOMY

9 **Sint-Eloois-Winkel**
Bouwjaren / Built in: 2004-2009
Architect: 51N4E

De Arteconomy woning is het resultaat van een drastische verbouwing van een typisch Vlaamse fermette. De bewoners zijn een echtpaar dat geboeid is door beeldende kunst, en door de interactie tussen kunst en economie. Zij wilden in de mooie plattelandsomgeving een plek creeren waar kunst een centrale plaats krijgt, zonder een galerie te zijn: de woonfunctie blijft centraal. Daarnaast is het huis ook een ontmoetingsruimte geworden, voor genodigden uit de creatieve sector. Het huis is door de architecturale ingrepen – onder meer het interne parcours en de leefruimte werden geherdefinieerd – tegelijkertijd intiemer geworden dan de fermette was, en meer publiek. Grenzen vervagen, en dat geldt ook voor de relatie met de omgeving: enerzijds wordt het omringende landschap binnen toegelaten dankzij de grote raampartijen, anderzijds wordt het gefilterd door een van de opvallendste kenmerken van de woning: een dunne stalen wand rondom het huis, met hier en daar een opening.

The Arteconomy house resulted from the radical alterations made to a typical Flemish farm-style house. The occupants are a couple fascinated by art and the interaction between art and economics. They wanted to create a place in this picturesque countryside that centres on art but is not a gallery as such; living is the primary function here. In addition, the house acts as a place of encounter for people from the creative sector. At the same time, the architectural interventions, among them the redefinition of the internal promenade and the living space, make the house more intimate and more public than the earlier house had been. Boundaries blur, and that also applies to the relation with the surroundings. Large expanses of fenestration draw the surrounding landscape inside, yet it is filtered by one of the most striking elements of the house: a thin steel wall wrapped around the structure with a few opening punched through it.

KANTOREN CONCORDIA
CONCORDIA OFFICES

10 **Flanders Fieldweg 37, Waregem**
Bouwjaren / Built in: 1998-2000
Architect: Vincent Van Duysen Architects

Voor het hoofdkantoor van textielgroep Concordia werd het bestaande typische lage kantoorgebouw bij de weverij ontmanteld en uitgebreid tot een nieuw, langgerekt gebouw, ontworpen door Vincent Van Duysen. Het ritme en de plattegrond van het nieuwe geheel worden dus bepaald door de ritmiek van de bestaande structuur. Door toevoeging van drie rechthoekige lichtschachten, in combinatie met een horizontale verhoogde berm van 170 meter lengte en een ingesloten patio, creëerde Van Duysen een sculpturaal totaalproject dat een nieuwe schaal geeft aan de industriële omgeving. De lichtschachten zorgen ook voor een optimale lichtinval, en ze markeren de hoofdingang, de expositieruimte en het landschapskantoor. De berm leidt de bezoeker van de verzonken parking tot aan de hoofdingang, en de patio biedt een omsloten buitenruimte aan de vergaderzone. Voor de gevel werden glasplaten en prefab betonpanelen gebruikt, materialen eigen aan de industriebouw, die op een minimale sobere wijze werden gebruikt. Die aanpak werd consequent doorgetrokken in het interieur.

To create a new head office for textile group Concordia, the existing typical low office building of the weaving mill has been stripped and then extended, resulting in a new, elongated building, designed by Vincent Van Duysen.
The rhythm and the floor plan of the new volume are determined by the rhythm of the existing structure. Van Duysen added three rectangular light shafts, a 170 metres long horizontal raised verge and an enclosed patio; by doing so he created a sculptural new whole that rescales the industrial surroundings. The light shafts also ensure optimal lighting conditions, and they demarcate the main entrance, the exhibition gallery and the landscape office. The verge leads visitors from the sunken car park to the entrance, and the patio creates an outdoor space to surround the meeting room. The façade features sheets of glazing and prefabricated concrete panels, materials that are typical for industrial construction, and that are now used in a minimalistic and sober manner. This is also the approach for the interior, designed by Van Duysen.

SPORTCENTRUM / SPORTS CENTRE DE BOEREKREEK

⑪ **Sint-Jansstraat 132, Sint-Jan-in-Eremo**
Bouwjaren / Built in: 2003-2008
Architect: Coussée & Goris Architecten

De Boerekreek is de grootste kreek van het Meetjesland. Een deel van het gebied is natuurdomein, en op het andere deel ligt het sportcentrum van de provincie, waarvoor Ralf Coussée en Klaas Goris drie gebouwen ontwierpen. Ze zijn in een U-vorm rond een centraal landschapsplein geplaatst — een opstelling die verwijst naar de traditionele typologie van hoevecomplexen in het Meetjesland. Het plein is het centrale punt voor samenkomsten en activiteiten. In het eerste van de drie paviljoenen, met ritmisch herhaalde houten portieken, zijn kleed- en slaapkamers en een berging voor watersportmateriaal ondergebracht. Het tweede, transparante paviljoen, met de polyvalente ruimte, is opgebouwd uit hout en glas, maar het is het derde paviljoen dat de meeste lof oogst: de manege met een binnenpiste en stallingen. Bouten en stalen stangen geven een zekere fragiliteit en elegantie aan het dak, waarvan de structuur geïnspireerd is op Zweedse plattelandshoeves, die je vaak terugziet in de polders.

De Boerekreek is the biggest creek of the Meetjesland region. One part of the region is a nature reserve, while the other part is the location of the province's sports centre, for which Ralf Coussée and Klaas Goris designed three buildings. They are arranged in a U-formation around a central landscaped quadrangle — a layout that refers to the traditional typology of farmhouses in Meetjesland. The quadrangle is the central point for gatherings and activities. The first of the three pavilions, with rhythmically repeating timber doorways, contains changing rooms and bedrooms and a storage space for watersport equipment. The second, transparent pavilion, containing the multipurpose space, is made of timber and glass. But it is the third pavilion that elicits most praise: the manege with an indoor ring and stables. Bolts and steel rods lend the roof a fragile and elegant appearance, the structure of which is inspired by Swedish-style countryside farmhouses, which you often encounter in the polders.

BOEKENTOREN
BOOK TOWER

⓬ **Rozier 9, Gent**
Bouwjaren / Built in: 1935-1939
Architect: Henry van de Velde (1863-1957)

De Boekentoren is het gebouw van de Gentse Universiteitsbibliotheek. Gelegen op het hoogste punt van de stad, op de Blandijnberg, is het een baken in de omgeving, de vierde toren aan de skyline. Architect Henry van de Velde had in 1933 wat overredingskracht nodig, want aanvankelijk zagen de bibliothecarissen zo'n toren niet zitten. In 1935 diende hij, na heel wat wijzigingen, de plannen in en het jaar daarop werd begonnen met de bouw van de 64 meter betonnen constructie, met vier kelderverdiepingen en twintig verdiepingen. De toren staat op een sokkel bekleed met arduin en heeft de vorm van een Grieks kruis. De naakte betonnen gevel heeft geen versiering: er zijn enkel de horizontale lijnen van de muurdammen en de verticale lijnen van de vensterrijen. Van de Velde waakte over de continuïteit van deze lijnen, en wilde op die manier een toren realiseren met een verheven karakter zoals dat van gotische kathedralen. Enkel de belvédère vertoont art-decotrekken. De leeszalen binnen zijn zo gesitueerd dat ze maximaal profiteren van de lichtinval. De toren wordt nu gerestaureerd door architectenbureau Robbrecht en Daem.

The Book Tower is the building that houses the university library in Ghent. Located on the city's most elevated point, Blandijnberg, it reads as a landmark in the urban surroundings and is the fourth tower on the skyline. In 1933 architect Henry van de Velde needed some powers of persuasion, because initially the librarians did not like the look of his design. In 1935, after numerous changes, he submitted the scheme and the following year construction started on the 64-metre-tall concrete structure, with four basement levels and twenty floors. The tower stands on a plinth clad in Belgian bluestone in the form of a Greek cross. The bare concrete façade is undecorated. Its only features are the horizontal lines of the piers and the vertical strips of fenestration. Van de Velde was careful to ensure the continuity of these lines, and wanted in that way to make a tower with an exalted character similar to that of Gothic cathedrals. Only the belvedere displays art deco elements. The reading rooms inside are positioned in such a way that they make maximum use of the daylight. The tower is currently undergoing restoration by the architecture firm Robbrecht en Daem.

ARCHITECTENWONING
HOUSE OF THE ARCHITECT

13 Varkensstraat (Prinsenhof), Gent
Bouwjaren / Built in: 1990-1997
Architect: Marie-José Van Hee

Marie-José Van Hee staat voor een architectuur die herleid is tot de essentie, maar niettemin indrukwekkend is. Dat geldt ook voor haar eigen woning in een smal straatje bij het Prinsenhof in Gent, op de plek waar vroeger vier kleine rijhuisjes stonden. De gevel is grijs gekaleid en past in het straatbeeld dankzij het bandraam dat over de breedte loopt en de hoogte van de naburige huizen doortrekt, en ook dankzij het ritme van de verticale ramen met smalle onderverdelingen die, omdat ze hoog geplaatst zijn, geen inkijk toelaten. De woning is L-vormig en gebouwd rond een patio en een overdekte gaanderij. Op het gelijkvloers in het langste deel van de L ligt, langs de straatkant, de woonkamer. In het korte deel liggen beneden de keuken en de badkamer, en boven de slaapkamer en bibliotheek. Binnen overheerst soberheid maar het huis is tegelijk complex en luchtig, dankzij de lichtinval. Buiten zorgen planten op de patio voor koelte en leven, en daarachter ligt nog een wild begroeide stadstuin.

Marie-José Van Hee embraces an architecture that is reduced to its essence but is still imposing. That also applies to her own house on a narrow street in the Prinsenhof area of Ghent, on a site formerly occupied by four small terraced houses. Finished in grey lime-wash, the façade harmonises with the streetscape thanks to the strip window that extends the full width and the continuation of the height of the neighbouring houses, and also thanks to the rhythm of vertical windows divided by mullions into narrow planes that prevent views inside because they are positioned so high. The house is L-shaped and arranged around a patio and covered arcade. The living room is located on the ground floor on the street side in the longest section of the L; located downstairs in the short section are the kitchen and bathroom, while the bedroom and library are upstairs. A sense of austerity dominates inside, but the house is complex and airy at the same time thanks to the introduction of natural light. Plants on the patio outside provide coolness and life, and beyond the patio lies an overgrown city garden.

FACULTEIT ECONOMIE UGENT
ECONOMICS FACULTY UGENT

(14) **Tweekerkenstraat 2, Gent**
Bouwjaren / Built in: 2002-2006
Architect: Xaveer De Geyter Architecten & Stéphane Beel Architecten

Het economiegebouw heeft een belangrijke rol in het masterplan dat Xaveer De Geyter Architecten en Stéphane Beel Architecten ontwikkelden in opdracht van de Universiteit Gent, die haar aula's, lokalen en faciliteiten ondergebracht heeft in een amalgaam van gebouwen, verspreid over de stad. Het is gelegen aan een oude kerkwegel, die nu een voetgangerstraject is voor de universiteit en die het bouwvolume op het gelijkvloers in feite doorsnijdt. Op deze en andere manieren sluit de economiefaculteit van beton en glas aan op zijn omgeving, een hellende site. De vliesgevel met horizontale geledingen langs de Tweekerkenstraat reflecteert de Sint-Pieterskerk ertegenover; de gevel aan de andere kant is dramatischer. Binnen zijn een bibliotheek, archief, burelen, vergaderruimtes, een foyer en de centrale aula. Daarlangs leiden open hellingen, trappen en gangen omhoog. Op elk moment blijft de hele structuur transparant, en is de bezoeker zichtbaar, zeker ook op de centrale plaza, die een tussenstop vormt op weg naar de verschillende ruimtes.

The economics building is an important element in the master plan drawn up by Xaveer De Geyter Architecten and Stéphane Beel Architecten for Ghent University, whose lecture theatres, classrooms and facilities are scattered across the city in a mixture of buildings. The faculty is located along an old church path, which now forms a pedestrian route for the university and cuts through the building volume at ground level. In this and other ways the concrete and glass structure blends into the surrounding sloping site. The horizontally articulated curtain wall along the Tweekerkenstraat reflects the Saint Peter's Church opposite, while the façade on the other side is more dramatic. Housed inside are a library, an archive, offices, meeting rooms, a foyer, and the central auditorium. Open ramps, stairways and corridors take people past these to the floors above. Transparent throughout, the structure ensures that visitors remain visible, particularly on the central plaza, which provides as a place to pause en route to the different spaces.

STUDIO'S / STUDIOS LES BALLETS C DE LA B & LOD

15 **Bijlokekaai 3, Gent**
Bouwjaren / Built in: 2002-2008
Architect: Architecten De Vylder Vinck Tailleu

De productiestudio's van Les Ballets C de la B (het gezelschap van Alain Platel) en Muziektheater Lod zijn ondergebracht in twee aparte paviljoenen van het Gentse architectenbureau van Jan De Vylder, Inge Vinck en Jo Tailleu. De glazen constructies werden op een eigenzinnige en subtiel passende manier ingeplant op de versnipperde Bijlokesite: er werden tussenruimtes en binnentuinen gecreëerd die doen denken aan de typische kleine steegjes van de historische context. De panden zijn opgebouwd uit één grote doos en diverse kleine dozen die op elkaar werden gestapeld. De façadegevels zijn van glas, de andere gevels zijn blind, bezet met leien. De studio's lijken identiek, maar dat zijn ze niet helemaal: ze zijn afgestemd op de noden van de gebruikers. Zo is er voor Les Ballets C de la B een zijtoneel voorzien. De repetitiezaal van Lod heeft een meer introvert karakter en heeft ook een mobiele tribune, voor try-outs. De studio's stonden op de cover van de het Jaarboek Vlaamse Architectuur, ze kregen de Belgian Building Award en ze werden genomineerd voor de Mies van der Rohe Award.

The production studios of Les Ballets C de la B (the company headed by Alain Platel) and Muziektheater Lod are housed in two separate pavilions by the architecture firm of Jan De Vylder, Inge Vinck and Jo Tailleu in Ghent. The glazed structures were inserted into the fragmented Bijloke site in an idiosyncratic yet subtly appropriate way. The resulting interstitial spaces and courtyard gardens call to mind the typical narrow alleyways of the historical context. The volumes are composed of one big box and various small boxes that are stacked on top of one another. The main façades are glazed while the others are blank, clad in slate. The studios are set back to back. They look identical, but are not entirely so. Rather, they are tailored to the needs of the occupants. For Les Ballets C de la B, for example, there is a side stage, while the rehearsal space of Lod is more introvert in character and also features a moveable tribune, for try-outs. The studios graced the cover of the Flemish Architecture Yearbook, received the Belgian Building Award, and were nominated for the prestigious Mies van der Rohe Award.

WONING VAN WASSENHOVE
HOUSE VAN WASSENHOVE

16 **Brakelstraat 50, Sint-Martens-Latem**
Bouwjaren / Built in: 1970-1974
Architect: Juliaan Lampens (°1926)

De woning Van Wassenhove werd gebouwd in dezelfde periode als de woning Vandenhaute-Kiebooms (p. 42), en de kapel in Edelare (p. 46). In alledrie deze gebouwen zijn de architecturale ideeën van Juliaan Lampens op een radicale manier uitgevoerd: ze worden gekenmerkt door een open plan zonder pijlers, met zo weinig mogelijk muren. Lampens experimenteerde ook met het gebruik van ruw beton, en dat valt bij de woning van de familie Van Wassenhove zeker op. Al voor een bezoeker het eigenlijke huis ziet, komt hij langs een betonnen muurtje langs een bospad. Dan is er het huis: een blinde betonnen gevel, verscholen achter bomen en struiken. Het oogt hermetisch afgesloten van de wereld, een beetje als een bunker, maar is tegelijkertijd heel open, op twee manieren, ten eerste: doordat er weinig scheidingen zijn in het huis, moeten de bewoners in alle openheid samenleven. En ten tweede is er de openheid naar de omgeving toe: de leefruimte — een lichtovergoten open ruimte met betonnen muren en een betonnen werkblad — is één met het bos dankzij een groot raamgordijn.

The Van Wassenhove House was built in the same period as the Vandenhaute-Kiebooms House (p. 42) and the chapel in Edelare (p. 46). In all three of these buildings the architectural ideas of Juliaan Lampens were executed in a radical manner. They are characterised by an open plan free of columns, with as few walls as possible. Lampens also experimented with the use of rough concrete, as is clearly evident in the house for the Van Wassenhove family. Even before the visitor sees the actual house he walks past a low concrete wall along a forest path. Then comes the house itself, which appears as a blank concrete façade concealed behind trees and bushes. It looks hermetically sealed off from the world, rather like a bunker, but is at the same time very open in two ways. First, since there are few partitions inside the house, occupants must live together in all openness. And second, there is the openness to the surroundings. This light-filled open living space featuring concrete walls and a concrete worktop merges with the forest thanks to a large expanse of glazing.

BOXY KEUKENPAVILJOEN
KITCHEN PAVILION BOXY

17 **Klapstraat 36, Deurle**
Bouwjaren / Built in: 2000-2003
Architect: Maarten Van Severen (1956-2005) i.s.m. / with Eddy François

Maarten Van Severen is de belangrijkste Belgische designer van de afgelopen twee decennia, wereldwijd geroemd om zijn heldere, krachtige en ingetogen vormgeving. Naast meubelontwerp had Van Severen ook veel interesse voor architectuur — hij werkte onder meer samen met Rem Koolhaas. Het keukenpaviljoen voor de tweelingbroers en chefs Boxy is de laatste architecturale verwezenlijking van Van Severen. Het in de lengte uitgerokken paviljoen ligt in het verlengde van de woning van Stefan Boxy, de Villa Rustoord die in 1904 werd gebouwd voor kunstenares Jenny Montigny, en in 2003-2004 werd gerenoveerd door Van Severen. Het paviljoen werd gebouwd om de stam van een eik heen. Dat vertaalt zich binnen in een glazen cilinder. Omwille van de eik werd het pand ook op pootjes gezet, om lucht te laten circuleren en om funderingen te vermijden. Verder vallen de heldere lijnen van de metalen structuur op, het fijne platte dak in zilverkleurig pvc, en het onbelemmerde uitzicht door de grote ramen. Het paviljoen herbergt naast de keuken ook een ontvangstruimte en het appartement van Kristof Boxy.

Maarten Van Severen is the most important Belgian designer of the past two decades, renowned around the world for his clear, powerful and modest designs. Besides furniture, Van Severen had a deep interest in architecture and worked with such figures as Rem Koolhaas. The kitchen pavilion for the Boxy twins and chefs was the last architectural creation by Van Severen. The elongated pavilion adjoins Villa Rustoord, the home of Stefan Boxy, which was built in 1904 for the artist Jenny Montigny and renovated in 2003-2004 by Van Severen. The pavilion is planned around the trunk of an oak tree, which is enclosed by a glass cylinder. Because of the oak tree the house was also raised on stilts to allow air to circulate and to avoid the need for foundations. Other notable features include the clear lines of the metal structure, the delicate flat roof in silver-coloured pvc, and the unobstructed view through the large windows. In addition to the kitchen, the pavilion houses a reception room and an apartment belonging to Kristof Boxy.

WONING / HOUSE VANDENHAUTE - KIEBOOMS

18 **Lange Aststraat 20, Zingem**
Bouwjaren / Built in: 1967
Architect: Juliaan Lampens (°1926)

De woning Vandenhaute is dé illustratie van de radicale opvatting van architect Juliaan Lampens over wonen: een woning mag geen keurslijf zijn waar de functies alles bepalen. Lampens, die beschouwd wordt als een belangrijke vernieuwer, wilde ruimtes creëren waar beleving en vrijheid voorop staan, en die open blijven naar het landschap rondom. Het huis van de familie Vandenhaute-Kiebooms van ruw bekist beton is in feite opgebouwd uit niet meer dan een groot dak dat boven een betonplatform lijkt te zweven. De buitenmuur langs de straatkant is zeer gesloten, maar de drie andere zijden van het huis worden enkel door glas gescheiden van de omgeving. Ook in het huis zijn geen grenzen: het is een grote vloeiende ruimte waar alles met alles verbonden is, en waar zelfs functionele scheidingen zoveel mogelijk werden vermeden. De badkamer en het toilet hebben geen dak of deur, de keuken wordt enkel gescheiden door een betonnen wand die uit het plafond komt, en de slaapkamers zijn eenvoudige verplaatsbare houten dozen.

Vandenhaute House is the ultimate illustration of the radical views of architect Juliaan Lampens on living: a house should not be a straitjacket in which the functions determine everything. Lampens, seen an important innovator, wanted to create spaces where experience and freedom are paramount, spaces that remain open to the surrounding landscape. Built for the Vandenhaute-Kiebooms family, the house of roughcast concrete is in fact made up of nothing more than a large roof that seems to float above a concrete platform. The exterior wall on the street side is very closed, but the three other sides of the house are separated from the surroundings by nothing but glass. Likewise, barriers inside are avoided. It is one big flowing space where everything is interconnected, and where even functional divisions are absent as much as possible. The bathroom and the toilet have no roof or door, a concrete wall that descends from the ceiling is all that enclosed the kitchen, and the bedrooms are simple mobile timber boxes.

DRUKKERIJ SANDERUS
PRINTING OFFICE SANDERUS

19 **Ronseweg 65, Oudenaarde**
Bouwjaren / Built in: 1996-1998
Architect: Christian Kieckens Architects

Christian Kieckens wilde van het nieuwe drukkerijgebouw Sanderus, dat werd opgetrokken op de plaats waar het oude werd gesloopt, niet alleen een pand maken waar gedrukt wordt, maar waar ook iets wordt *uit*gedrukt. Hij wilde op die manier een gebouw neerzetten dat jarenlang waardevol kan blijven bestaan in zijn omgeving, ook wanneer het geen drukkerij meer zou zijn. Vanuit deze filosofie werden een grondplan en gevels uitgedacht op basis van een raster met welbepaalde maten en verhoudingen, wat resulteerde in parallelle volumes gespreid over twee verdiepingen en gesegmenteerd over de voor- en achterzijde. Licht speelt een cruciale rol: het stroomt naar binnen via de inkomhal, en dankzij het homogene strakke glasvolume dat de sobere gevel langs de straatkant doorbreekt, en ook 30 centimeter uitsteekt. Voor binnenramen en –deuren werd inktblauw glas gebruikt, waardoor de overgang tussen de verschillende ruimtes geaccentueerd wordt. De bestaande aangrenzende woning kreeg dezelfde blauwe kleur. In 2000 werd de drukkerij bekroond als Bedrijfsgebouw van het jaar.

Christian Kieckens wanted to turn the new Sanderus printing office, built on the site of its demolished predecessor, into a building not only containing printing presses but also *ex*pressing something. In the process he wanted to erect a building of lasting value for its surroundings, even after it ceases to house a printing office. From this philosophy he arrived at a floor plan and façades based on a grid of carefully determined dimensions and proportions. That resulted in parallel volumes distributed on two levels and segmented into front and rear zones. Light plays a crucial role: it floods the interior through the entrance hall, and also through the homogeneous and rigid glass volume that cuts through the sober façade to the street and protrudes thirty centimetres. Ink-blue glass was used for the interior windows and doors to accentuate the transition between spaces. The existing house next door acquired the same blue colour. In 2000 the printing office was crowned Company Building of the Year.

KAPEL / CHAPEL O.-L.-V. VAN KERSELARE

(20) **Kerzelare, Edelare**
Bouwjaren / Built in: 1964-1966
Architect: Juliaan Lampens (°1926)

De betonnen bedevaartskapel is een topwerk van Juliaan Lampens, de Oost-Vlaamse architect die de spotlights altijd heeft gemeden, maar wiens modernistische oeuvre stilaan veel bekender wordt, en alom geprezen. Lampens staat voor een minimalistische architectuur in ruw zichtbaar beton en glas, waarbij eenvoud centraal staat. Er is ook altijd een belangrijke rol weggelegd voor het weidse landschap waarin zijn gebouwen een plaats hebben gekregen. Zijn radicale ontwerp voor de bedevaartskapel was in de jaren '60 revolutionair en omstreden (enkel de pastoor kreeg te de echte plannen te zien) maar de eenvoud ervan is uiteindelijk juist tijdloos gebleken. De kapel, met een driehoekig silhouet, oogt naakt en streng maar ook krachtig en poëtisch, onder meer door het terugkeren van de helling van de Edelareberg in de schuine lijn van het dak. De kapel is een populair bedevaartsoord: jaarlijks komen er naar schatting 50.000 pelgrims. Sinds 2009 is ze beschermd als monument, en ze is vrij toegankelijk voor publiek.

The concrete pilgrimage chapel is a key work by Juliaan Lampens, the architect from East Flanders who always shunned the limelight, but whose modernist body of work has gradually gained greater recognition and is now widely acclaimed. Lampens espoused a minimalist architecture in rough, exposed concrete and glass in which simplicity is paramount. An important role is always set aside for the magnificent landscape in which his buildings are set. His radical design for the pilgrimage chapel was revolutionary and controversial in the 1960s (the priest alone was allowed to see the building plans) but its very simplicity turned out to be timeless. With its triangular silhouette, the chapel appears not only naked and austere but also powerful and poetic, thanks in part to the repetition of the slope of the Edelareberg in the angled line of the roof. The chapel is a popular place of pilgrimage, attracting an estimated 50,000 pilgrims each year. It has been a protected monument since 2009 and is open to the public.

CREMATORIUM HEIMOLEN
HEIMOLEN CREMATORY

21 **Waasmunstersesteenweg 13, Sint-Niklaas**
Bouwjaren / Built in: 2004-2008
Architect: Claus en Kaan architecten

Het crematorium werd op de bestaande begraafplaats van Sint-Niklaas gebouwd. Het bestaat uit twee aparte gebouwen: het eigenlijke crematorium en een ontvangstgebouw, dat ontworpen werd met het oog op een hedendaagse en serene rouwbeleving. Beide gebouwen liggen om praktische redenen een eind van elkaar af, maar zijn door de eenheid in hun ontwerp toch met elkaar verbonden: ze zijn elkaars spiegelbeeld in het horizontale vlak. De ontvangstruimte is plechtig en sereen dankzij de ruimtelijkheid, het overheersen van veel wit, de spaarzaam aangebrachte details en de keuze van de materialen: staal, glas, metselwerk en wit geprofileerd beton. Het crematoriumgebouw, waarvoor dezelfde materialen werden gebruikt en dezelfde detaillering werd aangehouden, is 9 meter hoog en roept daardoor niet het beeld op van een oven met een schoorsteen. Er werd ook gelet op duurzaamheid wat betreft energieverbruik: de warmte van de ovens wordt hergebruikt voor de verwarming van het ontvangstgedeelte, en de vijvers van de begraafplaats voorzien het complex van water.

The crematorium is built on the existing cemetery of Sint-Niklaas. It consists of two separate buildings, the crematorium itself and a reception building, designed with a contemporary and serene mourning experience in mind. Positioned some distance from each other for practical reasons, they are designed to form a unity by being each other's mirror image in the horizontal plane. The reception space is solemn and serene thanks to its spaciousness, the dominance of a lot of white, the sparing details, and the choice of materials: steel, glass, brickwork and white profiled concrete. The crematorium building, constructed of the same materials and detailed in the same manner, is 9 metres high and does not therefore conjure up associations of an oven with a chimney. Another design concern was sustainability in terms of energy consumption: the heat from the ovens is recycled to warm the reception area, and the ponds of the cemetery supply the complex with water.

ABDIJ ROOSENBERG
ROOSENBERG ABBEY

22 Oude Heerweg-Heide 3, Waasmunster
Bouwjaren / Built in: 1973-1975
Architect: Dom Hans van der Laan (1904-1991)

Al sinds de middeleeuwen ligt de Roosenbergabdij in Waasmunster. Doorheen de geschiedenis werd ze afgebroken en op verschillende locaties weer opgebouwd. Uiteindelijk werd in de vroege jaren '70, in opdracht van E.H. Henri Raemdonck, rector van de Mariazusters van Franciscus, een gloednieuw klooster met bezinningscentrum gebouwd, in een moderne maar toch tijdloze stijl. De plannen zijn de realisatie van de vooruitstrevende visie op de essentie van architectuur van de Nederlandse architect en benedictijn Dom Hans van der Laan. Hij bouwde het klooster op uit verschillende modules, met vaste verhoudingen die terugkeren in het grondplan, de ruimtes, volumes, pijlers enzovoort. Het hele complex omvat vier vleugels rondom een ruime centrale binnentuin, met in het noordoosten de kloosterkerk en daarnaast een voorhof met de inkom van het klooster. Elke vleugel wordt gekenmerkt door eenvoud en rechte lijnen — nergens zijn bogen of ornamenten te zien — en is met zorg in de omgeving geplaatst, met aan drie zijden bomen en ten zuiden een weids uitzicht. Dat alles zorgt voor een gevoel van harmonie en rust.

Roosenberg Abbey in Waasmunster dates back to the Middle Ages. Throughout history it was demolished and built again on different sites. In the end a brand-new abbey and centre for contemplation was built in the early 1970s in a modern yet timeless style, commissioned by The Rev. Henri Raemdonck, rector of the sisters of Mary of Francis. The plans express the progressive vision of the essence of architecture of the Dutch architect and Benedictine monk Dom Hans Van der Laan. He composed the abbey out of various modules with fixed proportions that recur in the floor plan, spaces, volumes, columns and so on. The whole complex comprises four wings arranged around a spacious central garden, with an abbey church in the north-east next to forecourt leading to the entrance to the abbey. Each wing is characterised by simplicity and straight lines — arches and ornaments are nowhere to be seen — and is inserted carefully into the surroundings, with trees on three sides and an open view to the south. All of this ensures a sense of harmony and calm.

WONING HAEGENS
HOUSE HAEGENS

23 **Stationsstraat 11, Zele**
Bouwjaren / Built in: 1931
Architect: Huib Hoste (1881-1957)

Deze woning is een prachtig voorbeeld van de architectuur van het interbellum. Ze heeft de stijlkenmerken van de Nieuwe Zakelijkheid, waarmee architect Huib Hoste kennismaakte dankzij de leden van De Stijl in Nederland, waar hij in de jaren na WO I verbleef. Langs de straatkant van de woning Haegens valt onmiddellijk de kubistische vormgeving op van de voor- en de zijgevel van het hoekhuis. Het plan is in overeenstemming met de principes van het functionalisme. De woning is opgetrokken uit een betonskelet en niet uit dragend metselwerk, en daarmee creeerde de architect de mogelijkheid om te spelen met geometrische volumes. Grote raampartijen, dakterrassen, en uitspringende erkers zorgen voor veel licht voor de bewoners — enkel de slaapkamers, in de derde bouwlaag, bevinden zich in een meer gesloten deel van het huis. De woonkamer ligt in een uitspringend volume, steunend op betonnen pijlers, met glas over de hele breedte en hoogte, en kijkt uit over de zuidelijk gelegen tuin die ook werd aangelegd naar een ontwerp van Hoste.

This house is a wonderful example of architecture from the inter-war years. It bears the style characteristics of the New Objectivity, which architect Huib Hoste learned about from the members of De Stijl in the Netherlands, where he lived in the years after World War I. The cubist design of the front and side façades of the Haegens house on its corner site are immediately apparent from the street. The plans reflects the principles of functionalism. The house features a concrete skeleton and non-loadbearing brickwork, enabling the architecture to play with geometric volumes. Large expanses of fenestration, roof terraces and bay windows allow plenty of daylight to flood the interior. Only the bedrooms on the third level are located in the more enclosed part of the house. A cantilevered volume supported by concrete columns contains the living room, and the glazing that extends the full width and height opens up a view of the garden to the south, which was also laid out to a design by Hoste.

11

ARCHITECTENWONING
HOUSE OF THE ARCHITECT

24 **Guchterstraat 12a, Sint-Antelinks**
Bouwjaren / Built in: 1995-1996
Architect: Eugeen Liebaut

Voor Eugeen Liebaut is de plek waar een woning ingeplant wordt van cruciaal belang. Voor zijn eigen huis vond hij tijdens lange wandelingen een perceel in Sint-Antelinks, op de overgang tussen het Pajottenland en de Vlaamse Ardennen. Hij kocht het in 1987 en begon enkele jaren later te bouwen. Het resultaat is sober maar tegelijkertijd theatraal: het huis lijkt op een redelijk smalle rechthoekige doos, zonder muren in de woonkamer en met in het midden een blok waar functies zoals de keuken en trappen zijn ondergebracht. Helemaal rondom, 360°, loopt een strook van ramen die op 80 centimeter hoogte beginnen. Op die manier kan wie binnenzit volop genieten van het uitzicht maar tegelijkertijd ook, als hij of zij neerzit, heel beschut blijven. Het woongedeelte bevindt zich op de eerste verdieping, en is door een metalen brug verbonden met het terras, een pleintje en de tuin. Het is een mooi voorbeeld voor de lichte en transparante stijl van Liebaut, die het modernisme van de jaren '20 vertaalt naar een zeer ecologische en economische hedendaagse architectuur.

For Eugeen Liebaut the location of a house is of crucial importance. He found a site for his own house while on a long walk in Sint-Antelinks, where the Pajottenland countryside meets the Ardennes range of hills in Flanders. He bought the site in 1987 and started to build some years later. The result is sober yet theatrical at the same time. The house looks like a fairly narrow rectangular box, without walls in the living room and with a block in the centre containing such functions as the kitchen and stairs. A strip of fenestration, which starts 80 centimetres off the floor, extends the full 360° around the building. That allows occupants to enjoy the view to the full yet to remain very sheltered if seated. The living area is located on the first floor and connects to the terrace, a small square and the garden via a metal bridge. It is a splendid example of the light and transparent style of Liebaut, who translates the modernism of the 1920s into a highly ecological and economic contemporary architecture.

CENTRAAL STATION
CENTRAL STATION

25 **Koningin Astridplein, Antwerpen**
Bouwjaren / Built in: 1894-1905
Architect: Louis Delacenserie (1838-1909)

Bij zijn ontwerp voor het ontvangstgebouw van Antwerpen-Centraal liet de Brugse architect Louis Delacenserie zich inspireren door het station van Luzern én door het Romeinse Pantheon. Het hoeft dus niet te verbazen dat Antwerpen-Centraal een behoorlijk indrukwekkend station is geworden, met als bijnaam 'de spoorwegkathedraal'. Nu nog zijn bezoekers onder de indruk van de afmetingen, van de immense rondboogtoegang, van de koepel binnenin, van de monumentale trappen met de allures van renaissancepaleizen, van de rijkelijkheid van de neobarokke gevels en van de eclectische stijl van het geheel. Niet alleen architecturaal maar ook technisch was het gebouw in de vroege twintigste eeuw een hoogstandje: de stalen sporenoverkapping, waarvoor ingenieur C. Van Bogaert verantwoordelijk was, wordt gestut door zestien rondboogspanten en is maar liefst 185 meter lang, 64 meter breed en 44 meter hoog. Na een renovatie om het station aan te passen aan hedendaagse noden, werd het in 2009 uitgeroepen tot het vierde mooiste station ter wereld door het Amerikaanse tijdschrift *Newsweek*.

In his design for the reception building at the central station in Antwerp, architect Louis Delacenserie from Bruges drew inspiration from the station in Luzern and in the Pantheon in Rome. No surprise, therefore, that the station is a pretty impressive structure and has been dubbed 'the railway cathedral'. Up to today visitors are impressed by the dimensions, the immense arched entrance, the dome inside, the monumental flights of steps in the style of renaissance palaces, the lavishness of the neo-baroque façades, and the eclectic style of the whole composition. In the early twentieth century the building was a tour de force, not only architecturally but also technically: the steel shed that spans the tracks, for which engineer C. Van Bogaert took responsibility, is supported by sixteen arched trusses and is no fewer than 185 metres long, 64 metres wide and 44 metres high. After a renovation to adapt the station to contemporary needs, it was proclaimed the fourth most beautiful station in the world by the American magazine *Newsweek* in 2009.

WONING / HOUSE GUIETTE – LES PEUPLIERS

(26) **Populierenlaan 32, Antwerpen**
Bouwjaren / Built in: 1926
Architect: Le Corbusier (1887-1965)

Het huis van kunstschilder René Guiette is het enige gebouw in België van de Zwitserse architect Le Corbusier — volgens sommigen de grootste architect van de twinitigste eeuw, en alleszins een architect die een enorme bijdrage aan de modernistische beweging heeft geleverd. Hij droomde van een *ville radieuse* — een open stad — en van een functionele architectuur voor een nieuwe sociale orde.
In 1926, het bouwjaar van het huis, maakte Le Corbusier bekend welke de vijf uitgangspunten waren van zijn nieuwe architectuur: het bouwen op kolommen, zodat het gebouw boven de grond zweeft, een vrije plattegrond met niet-dragende muren, lange horizontale ramen, een vrije gevelindeling en een daktuin. Vier van die principes zijn duidelijk aanwezig in het huis in Antwerpen; bouwvoorschriften verhinderden het bouwen boven de grond.
In 1983 werd het huis eigendom van modeontwerpster Ann Demeulemeester. Ze liet het renoveren door architect Georges Baines, die in 1993 ook de zwarte aanbouw realiseerde, waar het atelier van Ann Demeulemeester is gevestigd.

The house of painter René Guiette is the only building in Belgium by the Swiss architect Le Corbusier — considered by some people to be the greatest architect of the twentieth century — and in every way an architect who made a huge contribution to the modern movement. He dreamed of a *ville radieuse* — an open city — and of a functional architecture for a new social order. In 1926, the year the house was built, Le Corbusier announced the five principles of his new architecture: pilotis that raise the building clear of the ground; a free floor plan with non-load-bearing walls, long strips of fenestration, a freely divisible façade, and a roof garden. Four of those principle are clearly evident in the house in Antwerp; building regulations prohibited raising buildings off the ground. In 1983 the house was acquired by fashion designer Ann Demeulemeester. She had it restored by architect Georges Baines, who also completed the black extension in 1993 that contains the studio of Ann Demeulemeester. Both buildings are closed to the public.

KBC BOERENTOREN
KBC FARMERS' TOWER

27 **Schoenmarkt 35, Antwerpen**
Bouwjaren / Built in: 1929-1931
Architect: Jan Van Hoenacker (1875-1958) e.a./a.o.

In 1928 wilde het Antwerpse stadsbestuur een modern bouwwerk op de Meir, een pronkstuk voor de Wereldtentoonstelling van 1930. De Algemeene Bankvereniging wilde het project mee betalen. Het voorstel van Jan Van Hoenacker (met Jos Smolderen en Emiel Van Averbeke), was gedurfd: een wolkenkrabber van 87,5 meter hoog, naar het model van de bouwwerken in Chicago en New York, waarvoor een nieuwe techniek gebuikt zou worden met een licht staalskelet. De Antwerpenaren reageerden negatief: de naam 'Boerentoren' was oorspronkelijk een spotnaam die het gebouw kreeg in cartoons en hekeldichten (omdat de Bankvereniging mee was opgericht met geld van de Boerenbond). Het werd een compromis: de zijvleugels werden verlaagd voor een betere integratie in het stadsbeeld, maar de flamboyante art-decostijl bleef behouden. Veel van het interieur ging verloren in 1970. Er werd overwogen om de toren af te breken, maar ditmaal verzette de publieke opinie zich. Vandaag huisvest de Boerentoren bankkantoren van KBC en ook een monumentale vitrine op de bovenste verdieping.

In 1928 the Antwerp city authorities wanted a modern building on the Meir, a showpiece for the World Expo of 1930. The Algemeene Bankvereniging wanted to fund part of the project. The proposal by Jan Van Hoenacker (with Jos Smolderen and Emiel Van Averbeke) was adventurous: a skyscraper 87.5 metres in height, similar to the tall structures in Chicago and New York, made possible by the new structural system of a lightweight steel skeleton. The response from the people of Antwerp was negative: in cartoons and satires they referred to the building in jest as the Farmers' Tower' (because the Algemeene Bankvereniging was set up with finance from the Farmers' Union). So a compromise was the result: the side wings were lowered to achieve a better integration with the cityscape, but the flamboyant art deco style was retained. Much of the interior was lost in 1970. Demolition of the tower was contemplated but this time public opinion was opposed to the building's disappearance. Today the Farmers' Tower houses banking offices of KBC as well as a monumental glazed space on the top floor.

KB
Agfa
KREDIETBANK

WOONBLOKKEN KIEL
SOCIAL HOUSING KIEL

28 **Emiel Vloorsstraat, Antwerpen**
Bouwjaren / Built in: 1951-1956
Architect: Renaat Braem (1910-2001)

Er is geen bekendere Belgische vertegenwoordiger van het idealistische naoorlogse architecturale gedachtegoed met betrekking tot sociale huisvesting dan Renaat Braem, en daarvoor zijn in de eerste plaats zijn fameuze woonblokken op het Antwerpse Kiel verantwoordelijk. De wijk op palen is geïnspireerd op de principes van Le Corbusier en illustreert Braems visie op hoe architectuur de levenskwaliteit van volksmensen kon verbeteren. Zo koos hij voor galerijen in de open lucht, om het contact tussen buren te bevorderen, en liet hij de begane grond vrij voor groen en ontspanning. Braem besteedde ook veel aandacht aan de inkomhallen, met veel licht en glas en helgekleurde verglaasde bakstenen in primaire kleuren. Elke hal werd voorzien van een beeldhouwwerk met een sociaal thema, gemaakt door verschillende kunstenaars. De appartementen zelf zijn klein maar functioneel, en ze werden uitgerust met voor die tijd veel comfort, zoals een ingebouwde keuken en centrale verwarming. Sinds 1988 worden de appartementen gerenoveerd om aan hedendaagse sociale huisvestingsnormen te voldoen.

There is no better-known Belgian representative of the idealist post-war architectural ideas with respect to social housing than Renaat Braem, and that is in the first place down to his famous residential blocks in the Kiel district of Antwerp. The neighbourhood on columns was inspired by the principles of Le Corbusier and illustrates Braem's vision of how architecture can improve the quality of life of ordinary people. For example, he opted for galleries in the open air to encourage contact between neighbours, and he kept the ground floor open for greenery and relaxation. Braem devoted a lot of attention to the entrance hallways, with plenty of light and glass and bright, glazed bricks in primary colours. Each hallway is adorned with a sculpture by a different artist that depicts a social theme. The apartments themselves are small yet functional, and they are fitted to a high standard of comfort for that time, thanks to such things as a built-in kitchen and central heating. Since 1988 the apartments have been undergoing renovation to bring them into line with current-day social housing standards.

VOORMALIG BP-GEBOUW
FORMER BP-BUILDING

29 Jan Van Rijswijcklaan & Camille Huysmanslaan, Antwerpen
Bouwjaren / Built in: 1960-1963
Architect: Léon Stynen (1899-1990) e.a. / a.o.

In 1960 ontwierpen Léon Stynen en Paul De Meyer in opdracht van het BP-concern een van de meest moderne en gedurfde kantoorgebouwen uit de jaren '60 in België. In 1964 werd het door de Société Belge des Urbanistes et Architectes Modernistes bekroond tot het belangrijkste Belgische architectuurproject van het jaar. De vrijstaande toren valt op in de omgeving, door de strakke lijnen en ritmes (geïnspireerd op Le Corbusier) en de optisch vrije gevels die zorgen voor een licht, transparant effect. Dat is te danken aan een bijzondere constructietechniek die toen voor het eerst gebruikt werd in een grootschalig project: een hangsysteem met niet-dragende gevelwanden, dat kolommen en steunpunten overbodig maakt. De ruggengraat van het gebouw zijn vier stalen kolommen en een verticale kooi van gewapend beton. De vloerplaten van de twaalf verdiepingen zijn met stalen kabels opgehangen aan een monumentale betonnen draagconstructie op het dak. Het gebouw maakt deel uit van een groter plan dat Stynen en De Meyer ontwikkelden voor de uitbreiding van de stad.

In 1960 Léon Stynen and Paul De Meyer designed one of the most modern and daring office buildings of that decade in Belgium for BP. In 1964 the Société Belge des Urbanistes et Architectes Modernistes selected it as the most important Belgian architecture project of the year. The freestanding tower stands out from its surroundings owing to its taut lines and rhythms (inspired by Le Corbusier) and the optically free façades that create a light, transparent effect. That is down to the special construction technique applied for the first time here in a large-scale project: a suspended system with non-loadbearing façades, which made columns and supports redundant. The backbone of the building is formed of four steel columns and a vertical cage of reinforced concrete. The floor slabs of the twelve levels are suspended from steel cables attached to a monumental concrete supporting structure on the roof. The building forms part of a larger scheme developed by Stynen and De Meyer for the expansion of the city.

KUNSTENCAMPUS DESINGEL
ARTS CENTRE DESINGEL

30 **Desguinlei 25, Antwerpen**
Bouwjaren / Built in: 1964-1968, 1973-1980, 1987, 2000, 2007-2010
Architect: Léon Stynen (1899-1990) e.a. / a.o. & Stéphane Beel Architects

In de jaren '60 concipieert architect Léon Stynen, een pleitbezorger voor het modernisme, een introverte muziekcampus op de Wezenberg, in de groene rand rond Antwerpen. De eerste fase, de bouw van het Vlaams Muziekconservatorium, wordt afgerond in 1968: het gebouw is een paviljoen in de vorm van een ongesloten acht, waarbij alle lokalen uitgeven op twee binnentuinen. In 1980 wordt het gebouw uitgebreid met twee grote zalen en een bibliotheektoren, die de achtvorm sluiten, en opnieuw in 1987, naar een ontwerp van Stynen en Paul De Meyer. In 2000 en in 2007 wordt alweer een nieuwe uitbreiding voltooid, ditmaal naar het masterplan van Stéphane Beel. Zijn nieuwbouw, met een hoogbouw, een tussenlaag en een laagbouw herbergt voornamelijk productieruimtes en is als een onafhankelijk volume met het gebouw van Stynen verbonden; tegelijk zijn de verhoudingen van het bestaande gebouw subtiel verdergezet. Het nieuwe gedeelte is bekleed met houten planken en krijgt daardoor een eigen karakter ten opzichte van de andere grote gebouwen langs de drukke Antwerpse invalswegen.

In the 1960s architect Léon Stynen, an advocate of modernism, conceived an introvert music campus in the Wezenberg area on the green fringe around Antwerp. The first phase, construction of the Flemish Music Conservatory, was completed in 1968. The building is a pavilion in the form of an incomplete figure '8' in which all classrooms overlook two inner gardens. In 1980 the building was extended with two large halls and a library tower, which complete the figure 8, and again in 1987, to a design by Stynen and Paul De Meyer. In 2000 and in 2007 another new extension was completed, this time to a master plan by Stéphane Beel. Comprising a tall structure, an intermediate section and a low-rise wing, his new construction mostly houses production spaces and connects to Stynen's building as an independent volume. At the same time, he subtly continues the proportions of the existing building. The new volume is faced with timber planks and thus acquires a character of its own with respect to the other big buildings that line the busy approach roads to Antwerp.

ARCHITECTUUR

WONING VAN ROOSMALEN
HOUSE VAN ROOSMALEN

31 **Sint-Michielskaai, Antwerpen**
Bouwjaren / Built in: 1986-1988
Architect: bOb Van Reeth, awg architecten

Elke Antwerpenaar kent het huis met de wit en zwart gestreepte gevel op de kaaien langs de Schelde. Het werd in '86 gebouwd in opdracht van schilder- en interieurarchitect Will Van Roosmalen en zijn vrouw Frieda, en ontworpen door bevriend architect Bob Van Reeth. De dubbelwoning met atelier op de hoek van de straat is een eclectisch gebouw geworden, met duidelijke knipogen naar de haven, zoals kajuitramen en schouwpijpen op het dakterras. De zebrastrepen van de gevel zijn een referentie aan het huis dat Adolf Loos voor Josephine Baker zou bouwen, maar dat nooit werd gerealiseerd. De strepen komen, met dezelfde breedte, terug in het interieur, met name in de bad- en logeerkamer, en ook in de andere ruimtes zijn zwart en wit de hoofdtonen. Het opvallende en verrassende huis heeft architect Van Reeth bekendheid bezorgd maar is ook van betekenis voor Antwerpen, omdat het de aanzet heeft gegeven om de stad opnieuw op de Schelde te oriënteren.

Everybody in Antwerp knows the house with the black-and-white striped façade on the quayside facing the River Schelde. It was commissioned in 1986 by the painter and interior architect Will Van Roosmalen and his wife Frieda, and designed by an architect friend Bob Van Reeth. The double house with studio on the corner of the street is an eclectic building that clearly acknowledges the harbour in the shape of façade portholes and rooftop smokestacks. The zebra-stripe pattern is a reference to the house that Adolf Loos planned to build for Josephine Baker but was never realised. The stripes recur inside in bands of the same width, notably in the bedroom and guest room, and black and white are also the chief colours in the other spaces. This striking and surprising house raised the profile of architect Van Reeth but is also of significance to the city of Antwerp, for it was this design that gave the impetus for the city to orient itself towards the Schelde once again.

WOONTORENS
RESIDENTIAL TOWERS

32 **Kattendijkdok Westkaai, Antwerpen**
Bouwjaren / Built in: 2003-2009
Architect: Diener & Diener Architekten

De architectengroep Diener & Diener ligt mee aan de basis van de Zwitserse vernieuwing in de hedendaagse architectuur. Het bureau werd opgericht door Marcus Diener, en wordt nu geleid door diens zoon, Roger, die in 2002 de Grande Médaille d'Or d'Architecture Française in ontvangst mocht nemen. In het spanningsveld tussen stedenbouw en architectuur concentreert Diener zich op de typologie van het bouwblok. Dat resulteert in eenvoudige, krachtige volumes die een zekere autonomie krijgen in de stad. Dat geldt ook voor de twee Antwerpse woontorens die Diener & Diener bouwde in opdracht van projectontwikkelaar Project². Ze tellen 15 verdiepingen en zijn 55 meter hoog. In totaal zijn er 87 luxeappartementen in ondergebracht. De torens ogen licht en transparant, dankzij de glazen platen die de buitenste van twee gevellagen vormen. Ze reflecteren de zon en het water van de dokken van de oude havenwijk Het Eilandje. De tuinen tussen de gebouwen zijn aangelegd door de Franse landschapsarchitect Michel Desvigne. Het nieuwbouwproject voorziet in totaal zes torens.

The architecture firm Diener & Diener helped lay the foundations for the revival of Swiss contemporary architecture. The office was set up by Marcus Diener and is now headed by his son, Roger, the recipient of the Grande Médaille d'Or d'Architecture Française in 2002. Diener concentrates on the typology of the building block in the force field between urbanism and architecture. That results in simple, powerful volumes that acquire a measure of autonomy in the city. A good example is the project for two residential towers in Antwerp that Diener & Diener built to a commission from property developer Project². Rising 15 floors and 55 metres in height, the towers contain some 87 luxury apartments in total. The striking forms appear light and transparent thanks to the sheets of glazing that make up the outer of the two façade layers. These reflect the sun and the water of the docks of the old harbour district of Het Eilandje. French landscape architect Michel Desvigne designed the gardens between the buildings. The new-build project foresees a total of six towers.

MAS MUSEUM

33 Hanzestedenplaats 1, Antwerpen
Bouwjaren / Built in: 2006-2011
Architect: Neutelings Riedijk Architecten

Sinds 2011 is Antwerpen een museum rijker: het Museum Aan de Stroom. De stad zocht een nieuwe plek om de collecties van verschillende voormalige musea tentoon te stellen en op te slaan, en schreef daarvoor in 1999 al een architectuurwedstrijd uit. Die werd gewonnen door het Nederlandse bureau Neutelings Riedijk Architecten, dat voorstelde om het museum onder te brengen in een toren van op elkaar gestapelde blokken. De verschillende blokken worden met elkaar verbonden door een spiraalvormige trap, die tegelijkertijd een voor iedereen toegankelijke wandelboulevard is. Grote partijen gebogen glas laten op elke verdieping prachtige uitzichten op de stad zien. De belevenis in de circulatieruimte kan op die manier losstaan van de museumfunctie. De collectie wordt gepresenteerd aan de hand van thema's, en elk thema wordt voorgesteld in een apart, afgesloten blok — een aparte verdieping, telkens toegankelijk via een sluis — waar geen direct daglicht is. Rond de 60 meter hoge toren werd door Neutelings en de zijnen ook een plein ontworpen.

Since 2011 Antwerp can boast a brand-new museum: the Museum Aan de Stroom. The city wanted a new structure to store and exhibit the collections from various earlier museums, and so it staged an architecture competition in 1999. It was won by the Dutch office Neutelings Riedijk Architecten, which proposed accommodating the museum in a tower of blocks stacked on top of one another. The various blocks are collected to one another by a spiral-shaped stairs, which doubles as a boulevard promenade open to everybody. Large expanses of curved glass reveal wonderful views of the city from every level. In that way the experience in the circulation space is separated from the museum space. The collection is presented according to themes, and each theme is contained in a different, closed block — a separate floor, accessible through a sluice where no daylight can penetrate. Around the 60-metre-tall tower Neutelings and colleagues created a forecourt. This ensures that the colossal, striking red and layered tower of blocks stands out even more on the city skyline.

WEST-HINDER

ARCHITECTENWONING
HOUSE OF THE ARCHITECT

34 **Menegemlei 23, Deurne**
Bouwjaren / Built in: 1957-1958
Architect: Renaat Braem (1910-2001)

Renaat Braem is een van de bekendste vertegenwoordigers van de naoorlogse architectuur in België. Als enige Belg ooit liep hij stage bij Le Corbusier, en zijn sociale wooncomplexen werden internationaal besproken. Braem was ook een ideoloog, en de auteur van heel wat polemische essays over architectuur, stedenbouw en maatschappelijke kwesties. Op het hoogtepunt van zijn carrière ontwierp Braem een huis voor zichzelf en zijn echtgenote, grafisch kunstenares Els Severin. De woning met atelier mag beschouwd worden als exemplarisch voor zijn opvattingen over wonen en vormgeving. De halfopen bebouwing is sober en strak, met een uitgepuurde gevelvlakverdeling. De ruimtes binnen worden gevormd door rechthoekige volumes en natuurlijke verhoudingen. De sfeer wordt verder bepaald door kleuren — blauw, geel en rood — en door het licht dat vooral in het atelier overvloedig binnenstroomt. In 1997 heeft Renaat Braem zijn huis en het volledige interieur geschonken aan de Vlaamse gemeenschap. Vandaag is het een huismuseum, dat bezocht kan worden.

Renaat Braem is one of the best-known representatives of post-war architecture in Belgium. He is the only Belgian ever to have an internship with Le Corbusier, and his social housing complexes were discussed internationally. Braem was also an ideologist and the author of numerous polemical essays about architecture, urban design and social issues. At the height of his career he designed a house for himself and his wife, graphic artist Els Severin; the house with studio can therefore be considered as an illustration of his views about living and design. The half-open structure is sober and simple, with a pared-down arrangement of façade planes. Spaces inside are rectilinear in form and feature natural proportions. Other elements that define the atmosphere include colours (blue, yellow and red) and the light that floods the interior, particularly in the atelier. In 1997 Renaat Braem donated his house and the entire contents to the Flemish Community. Today it is a museum house and can be visited in small groups accompanied by a guide.

CENTRUM LAMOT
LAMOT CENTRE

35 **Van Beethovenstraat 8-10, Mechelen**
Bouwjaren / Built in: 2000-2005
Architect: 51N4E

De Mechelse brouwerij Lamot, ondergebracht in een dichtbebouwd industrieel complex uit 1921 vlakbij de Vismarkt, sloot in 1995 haar deuren. Er kwam een masterplan voor de herbestemming van de site aan de Dijle, met appartementen, een hotel en een supermarkt. In een tweede fase, in 2000, kreeg het Brusselse architectenbureau 51N4E de opdracht om de scenografie te verzorgen van het museum voor moderne kunst dat de stad wilde onderbrengen in het voormalige brouwerijgebouw — het enige op het terrein dat nog rechtstond. In plaats daarvan stelde 51N4E voor om van Lamot een congres- en erfgoedcentrum te maken. Er kwamen drie zones, waarvan de grote open foyer op de eerste verdieping de opvallendste en de origineelste is: voor deze ruimte, die de naam 'Mechelen Centraal' kreeg, werd een volledige laag van de oude brouwerij vervangen door een glazen wand. De openbare foyer biedt op die manier een panorama op de binnenstad. Voor deze eigenzinnige ingreep kregen de partners van 51N4E in 2003 de Rotterdam-Maaskantprijs voor jonge architecten.

The Lamot brewery in Mechelen, housed in a densely built industrial complex dating from 1921 close to the old Fish Market, closed its doors in 1995. A master plan was then drawn up for the conversion of the site on the River Dijle into a complex with apartments, a hotel and a supermarket. In a second phase, in 2000, the architecture firm 51N4E from Brussels was commissioned to design the scenography of the museum for modern art that the town wanted to house in the former brewery building — the only structure still standing on the site. 51N4E came up with an alternative proposal to create a congress centre with exhibition hall for Lamot, as well as a heritage centre. The result comprises three zones, the most striking and original of which is the large open foyer on the first floor. For this space, which is called 'Mechelen Centraal', a complete layer of the old brewery was replaced by a glazed wall. That means that the public foyer offers visitors a panorama view of the town centre. This idiosyncratic intervention earned the partners at 51N4E the Rotterdam Maaskant Prize for young architects in 2003.

HUIS VAN DE STAD
TOWN HALL

(36) **Hertog Janplein 1, Lommel**
Bouwjaren / Built in: 2005
Architect: Jo Crepain (1950-2008)

Het Huis van de Stad is het stadhuis van Lommel, sinds 2005. Architect Jo Crepain werkte voor de realisatie ervan samen met binnenhuisarchitect Frans Van Praet. Het huis is opgebouwd uit drie lagen: een ondergrondse verdieping met een parkeergarage, de archieven en de technische ruimtes. Het is ook opgedeeld in vier vleugels, die van elkaar worden gescheiden door drie ingesloten binnentuinen. De keuze van travertijn als steen voor de gevel en de licht verheven sokkel waarop het gebouw is geplaatst zijn knipogen naar het paviljoen van Mies van der Rohe in Barcelona. Een ander kenmerkend aspect van de gevel van het Huis van de Stad zijn de glaspartijen: het glas symboliseert helderheid en transparantie en laat vooral ook veel daglicht binnen. Op die manier komen de kunstwerken die genereus zijn opgesteld in het stadhuis volop tot hun recht. Behalve plaats voor kunst (bijvoorbeeld werk van Jef Geys) is er binnen ook plaats voor modern design, waaronder kristallen kroonluchters en de Lommel chair, beide van de hand van Frans Van Praet.

The House of the City has been the town hall in Lommel since 2005. Architect Jo Crepain worked with interior architect Frans Van Praet on the project. The house comprises three layers: an underground level containing a car park, the archives, and the technical spaces. It is also divided into four wings that are divided from one another by three enclosed garden courts. The choice for travertine as the stone on the façade and the slightly elevated plinth on which the building stands are references the pavilion by Mies van der Rohe in Barcelona. Another characteristic aspect of the façade is the glazing: the glass symbolises clarity and transparency and in particular allows plenty of daylight to enter. In that way the works of art that are presented so generously inside the town hall are shown to advantage. Besides a venue for art (including the work of Jef Geys) the interior accommodates items of modern design, among them crystal chandeliers and the Lommel chair, both of which are the work of Frans Van Praet.

KUNSTENCENTRUM C-MINE
ARTS CENTRE C-MINE

37 **C-Mine 10, Genk**
Bouwjaren / Built in: 2005-2010
Architect: 51N4E

Van een voormalige mijnsite een cultuurcentrum maken: dat was de opdracht waarvoor de architecten van 51N4E in 2005 werden geselecteerd, dankzij het heldere concept dat ze voorstelden. In 2010 was de metamorfose voltooid en opende het centrum zijn deuren. In het oude T-vormige gebouw zijn nu verschillende culturele functies verweven in een complex van zalen en hallen waar het industriële verleden nog goed te voelen is — in de inkomhal en de foyer bijvoorbeeld staan machines, maar je vindt er ook de subtiele ingrepen die de functionaliteit garanderen, zoals een ontvangstbalie met een zwart stalen profiel en een zwart barmeubel. De vergaderzalen met piramidevormige koepels, de toeristische dienst en de tentoonstellingszaal staan in contact met de foyer, die in het been van de T ligt. In de twee oksels van de T zijn een grote en een kleine theater- en muziekzaal ondergebracht. Overal zijn de kleuren en materialen discreet: veelal grijze betontinten in combinatie met zwart metaal. De karaktervolle dakterrassen kregen een rood-wit geblokt tegelpatroon.

Turn a former mining structure into a cultural centre. That was the commission for which the architects at 51N4E were selected in 2005, thanks to the clear concept they presented. In 2010 the metamorphosis was complete and the centre opened its doors. In the old T-shaped building various functions are now woven into a complex of spaces and rooms in which the industrial past is still clearly palpable — for example, machinery still stands in the entrance hall and the foyer — but you also discover the subtle interventions that ensure the centre's functioning, such as a reception desk with a black steel profile and a black furniture element in the bar. The meeting rooms with pyramid-shaped domes, the tourist service, and the exhibition gallery open directly from the foyer, housed in the leg of the T. A large and a small theatre and concert space occupy the two armpits of the T. The colours and materials are discreet throughout: mostly shades of grey concrete in combination with black metal. The distinctive roof terraces boast a chequered pattern of red and white tiles.

WONING MOURMANS
MOURMANS HOUSE

38 **Bessemerstraat 451, Lanaken**
Bouwjaren / Built in: 2001
Architect: Ettore Sottsass (1917-2007) & Johanna Grawunder

De bouwheer van deze woning vlakbij Maastricht is Ernest Mourmans, galerist, design- en kunstkenner en -verzamelaar, en een liefhebber van bedreigde vogelsoorten. De Italiaanse designer en architect Ettore Sottsass, met wie Mourmans al veel had samengewerkt, kreeg in 1996 de bijzondere opdracht om een huis te bouwen waarin niet alleen geleefd kon worden, maar waar ook ruimte was voor de indrukwekkende vogel- en kunstcollecties. Sottsass koos voor een aantal met elkaar verbonden maar toch ook duidelijk aparte paviljoenen, die hij aan de buitenkant afwerkte met telkens andere materialen, zoals gekleurde geglazuurde baksteen of metaal. Ook voor de binnenruimtes werden bijzondere materialen gebruikt, zoals blauwe Braziliaanse marmer of exotisch hout. Het huis herbergt behalve de masterbedroom nog vijf slaapkamers, twee werkruimtes, een keuken, een leefruimte, een fitnessruimte, een zwembad, volières en een galerie. Verschillende terrassen maken de overgang tussen het huis en de omgeving, die gedomineerd wordt door het meer aan de achterzijde.

The client for this house close to Maastricht was Ernest Mourmans — gallery owner, expert and collector of design and art, and a lover of threatened species of birds. The Italian designer and architect Ettore Sottsass, with whom Mourmans had often worked in the past, received this remarkable commission to build a house not only to live in but also to accommodate an impressive collections of birds and art. Sottsass opted for a number of connected yet distinct pavilions, the exterior of each of which he finished with a different material such as coloured and glazed brickwork or metal. Special materials were also used for the interior spaces, including Brazilian marble and exotic timber. The house contains a master bedroom, five additional bedrooms, two workspaces, a kitchen, a living room, a fitness space, a swimming pool, aviaries and a gallery. A number of terraces form the transition between the house and surroundings, which are dominated by the lake to the rear.

SPORT- EN RECREATIEDOMEIN
SPORTS AND RECREATION CENTRE

39 Tervuursesteenweg, Hofstade
Bouwjaren / Built in: 1937-1939
Architect: Victor Bourgeois (1897-1962), Charles Van Nueten (1899-1989), Maxime Wijnants (1907-1997) e.a.

Het huidige Bloso sport- en recreatiepark in Hofstade, met zijn grote sport- en visvijvers en een strand, is al sinds de jaren 1920 een recreatiedomein. In 1932 en 1933 kwamen er voorzieningen voor 'Hofstade-Plage', waaronder een rolschaatspiste, tennisvelden en cafés en restaurants, en in 1937 werd er een masterplan uitgetekend door Victor Bourgeois. Hij was verbonden aan het La Cambre instituut, evenals Charles Van Nueten en Maxime Wijnants, die respectievelijk een groot openluchtzwembad met zonneterrassen en kleedkamers (1939) en een strandgebouw (1939) voor het domein ontwierpen. Félix Milan tekende een groot boothuis (1938). Deze modernistische gebouwen zijn nu beschermd. Het zwembad is niet langer in gebruik; in het bootshuis is een brasserie gevestigd. Het strandgebouw van Wijnants biedt onderdak aan het Sportimonium museum. Het is een lage, gestroomlijnde, lichte constructie met een gebogen plattegrond, opgetrokken uit koloniale houtsoorten en grote glaspartijen.

With its big sports and fishing lakes, the current Bloso sports and recreation centre in Hofstade has been a leisure venue since the 1920s. In 1932 and 1933 facilities were added for 'Hofstade Beach', including a roller skating rink, tennis courts and cafés and restaurants, and Victor Bourgeois drew up a master plan in 1937. He was affiliated to the La Cambre Institute, as were Charles Van Nueten and Maxime Wijnants, who designed a large open-air swimming pool with sun terraces and changing rooms (1939) and a beach building (1939) respectively for the centre. Félix Milan also designed a large boathouse (1938). All these modernist buildings now enjoy protected status. The swimming pool is no longer in use, and the boathouse now houses a brasserie. Today the beach building by Wijnants accommodates the Sportimonium Museum. This low, streamlined, light structure, curved in plan, is built of tropical woods and features large expanses of glazing.

VLIEGTUIGLOODSEN AIRCRAFT HANGARS

40 **Humbeeksesteenweg, Grimbergen**
Bouwjaren / Built in: 1947
Architect: Alfred Hardy (1900-1965)

In 1964 werd in het New Yorkse Museum of Modern Art de overzichtstentoonstelling *Twentieth Century Engineering* gehouden. Hierop was één Belgisch ontwerp te zien: de betonnen vliegtuighangars van de Belgische architect Alfred Hardy. Het zijn unieke en voor die tijd baanbrekende voorbeelden van de 'paddenstoelconstructie' waarop Hardy een patent had genomen. De ronde loodsen zijn 7 meter hoog en hebben elk 2000 m² opslagruimte. De zelfdragende constructie van gegoten beton steunt binnenin op vier kolommen, en waait daarboven open als een paraplu. Er zijn geen buitenmuren, enkel een aaneenschakeling van aluminium schuifpoorten die overal open kunnen. De vliegtuigen kunnen door die poorten en de ronde vorm van de loods op elke plek binnen en buiten gerold worden — binnenin is dus veel minder manoeuvreerruimte nodig dan in een rechthoekige loods. In 2006 werden de loodsen beschermd als monument, en ze kunnen (met de rest van het vliegveld) bezocht worden onder begeleiding van een gids.

In 1964 the Museum of Modern Art in New York staged the retrospective exhibition *Twentieth Century Engineering*. This featured just one Belgian design: the concrete aircraft hangars by the Belgian architect Alfred Hardy. They are unique and, for their time, pioneering examples of the 'mushroom construction' on which Hardy had taken out a patent. The red hangars are 7 metres high and each contains 2000 square metres of storage space. The self-supporting construction of in-situ concrete stands on four columns, and unfolds overhead like an umbrella. There are no exterior walls but, instead, a series of aluminium sliding gates that can all open. The aircraft can pass through those gates and roll inside and outside at any point around the circular-shaped hangar. Much less space to manoeuvre is therefore required inside than in a rectangular hangar. In 2006 the hangars were listed as protected monuments and (along with the rest of the airport) they are open to the public in the company of a guide.

H1
OO-BET

MUSEUM M

41 **Leopold Vanderkelenstraat 28, Leuven**
Bouwjaren / Built in: 2006-2009
Architect: Stéphane Beel Architecten

Voor de bouw van Museum M werden twee bestaande, historische gebouwen, getuigen uit het verleden van de universiteitsstad Leuven, geïntegreerd in de hedendaagse architectuur van twee nieuwe panden. Voor het fronton aan de hoofdingang, aan het nieuwe gedeelte, werden bijvoorbeeld restanten van de vroegere Leuvense wetenschapsfaculteit gebruikt. De bouw gebeurde met veel respect voor de historische waarde van de oudere gedeeltes, meer bepaald het voormalige universitaire college van Sint-Ivo en het hôtel Vander Kelen-Mertens. In het hôtel werden opnieuw de negentiende-eeuwse kleuren en bladgoud aangebracht, en de huidige parketten zijn replica's van de oorspronkelijke. Het museumcomplex is gebouwd rondom een statige oude eik in de binnentuin, waarlangs het museum ook toegankelijk is. Het bevat behalve tentoonstellingsruimtes ook een café, een shop, een auditorium, een kinderatelier, workshopruimtes en een onthaalruimte. Een andere troef is het dakterras van de nieuwbouw, van waarop je een spectaculair uitzicht hebt over de stad.

The construction of Museum M involved the integration of two historical buildings, which bear testimony to the history of the university town of Leuven, with the contemporary architecture of two new buildings. The pediment above the main entrance on the new volume incorporates remnants of the old faculty of science in Leuven. The design displays great respect for the historical importance of the older structures, and in particular for the former university college of Sint-Ivo and the Vander Kelen-Mertens residence. The nineteenth-century colours and leaf-gold were reapplied inside the residence, and today's parquet floors are replicas of the original ones. The museum complex is grouped around a grand old oak tree in the courtyard from where visitors can enter the museum. In addition to exhibition galleries, the building contains a café, a shop, an auditorium, a studio for children, workshop spaces and a reception hall. Another feature of note is the roof terrace of the new volume that offers a spectacular view across the city.

MELKERIJ DAIRYHOUSE

42 **Onderstraat, Gaasbeek**
Bouwjaren / Built in: 2004
Architect: Robbrecht en Daem architecten

Zakenman Piet Van Waeyenberge woont al sinds 1973 in het Baljuwhuis in Gaasbeek. Daar recht tegenover stond jarenlang een melkerij te verkommeren, tot Van Waeyenberge, een fervent kunst-, literatuur-, muziek- en architectuurliefhebber, ze in 2004 drastisch liet verbouwen tot een concertzaal, bibliotheek en gastenverblijf, door het gerenommeerde architectenteam Robbrecht en Daem. Zij kregen voor het project in 2008 de Zweedse Klippan Award. De gevel bleef grotendeels behouden, net als de schouw en de laadbrug die ervoor zorgen dat de melkerij nog altijd als dusdanig herkenbaar is. Daarachter gaat een grote, monumentale zaal schuil, uitgewerkt in baksteen. Aan het oude gebouw werd een vleugel bijgebouwd, waarvan de zacht hellende spiraalvorm zowel de binnenruimte (met een sculpturaal plafond) als het exterieur definieert. De spiraal, langs buiten bekleed met rode bakstenen, leidt rond het huis tot op het dakterras, vanwaar je een imposant uitzicht hebt over het Pajottenland.

Businessman Piet Van Waeyenberge has lived in the Baljuwhuis ('Bailiff's House') in Gaasbeek since 1973. For years a milking parlour stood languishing the directly opposite his house until 2004 when Van Waeyenberge, a passionate lover of art, literature, music and architecture, had it converted into a concert hall, library and guest rooms by the renowned architecture team of Robbrecht and Daem. The project earned them the Swedish Klippan Award in 2008. They preserved most of the façade as well as the chimney and the loading bridge, so that the milking parlour is still recognisable as such. Hidden behind it is a large, monumental hall detailed in brick. Added to the existing building is a new wing, whose gently sloping form defines both the interior space (with its sculptural ceiling) and the exterior. Faced with red brickwork on the outside, the spiral wraps around the house up to the roof terrace, from where you can enjoy an impressive view of the Pajottenland countryside.

WOONERF
RESIDENTIAL AREA

43 Vierwindenbinnenhof 1-8, Tervuren
Bouwjaren / Built in: 1955
Architect: Willy Van Der Meeren (1923-2002)

Het Vierwindenbinnenhof is een besloten woonerf, verscholen in het groen. Rond een gemeenschappelijke, ovaalvormige binnentuin staan acht EGKS-woningen, verdeeld over drie woonblokken. Dit soort woning werd in 1954 ontwikkeld door Willy Van Der Meeren en Leon Palm in opdracht van de Europese Gemeenschap voor Kolen en Staal, als oplossing voor de sociale woningnood, met name voor de Waalse staal- en mijnarbeiders. De woningen van 250 m² waren revolutionair door het open plan, de lage kostprijs (148.000 frank) en de bouwtijd: dankzij doorgedreven prefabricatie kon een huis op minder dan drie weken klaar zijn. Ondanks het grote succes op beurzen werden de woningen nooit op grote schaal gerealiseerd. Het Vierwindenbinnenhof is een privé-initiatief. De strakke functionele opbouw wordt onderstreept door kleuren: de voor- en achtergevels zijn opgebouwd uit overwegend witgeschilderde metalen vlieswanden, en verder zijn er accenten in kleur, zoals rode, witte en zwarte uitspringende tussenmuren, donkergroene friezen en rode, gele en blauwe deuren. Van Der Meeren woonde zelf in huis nummer 6.

Vierwindenbinnenhof is a private residential area concealed behind greenery. Eight EGKS houses contained in three residential blocks are arranged around a communal oval-shaped courtyard. This type of housing was developed in 1954 by Willy Van Der Meeren and Leon Palm for the European Coal and Steel Community, as a solution for the shortage of social housing, particularly for the steelworkers and miners from Wallonia. The 250-square-metre houses were revolutionary owing to the open plan, the low cost price (148,000 francs) and the speed of construction: ready in less than three weeks thanks to the prescribed prefabrication. Despite their great success at fairs, the houses were never built on a big scale. Vierwindenbinnenhof was a private initiative. Colours underline the rigid, functional composition: front and rear façades are composed of predominantly white-painted metal curtain walls. Other colour accents include the red, while and black protruding partition walls, dark-green friezes, and doors in red, yellow and blue. Van Der Meeren himself lived in house number 6.

SANATORIUM JOSEPH LEMAIRE

44 Waversesteenweg, Tombeek
Bouwjaren / Built in: 1936-1937
Architect: Maxime Brunfaut (1909-2003)

Vandaag wacht het Sanatorium Joseph Lemaire, 19 kilometer ten zuiden van Brussel, in verregaande staat van verval op een nieuwe bestemming als rusthuis met serviceflats. Het complex, dat in totaal 33 hectare beslaat, staat al leeg sinds 1987. Vijftig jaar eerder, in 1937, was het sanatorium geopend onder ruime, en ook internationale belangstelling: het imposante ziekenhuis voor tbc-lijders was in die tijd vooruitstrevend en luxueus, met modern ingerichte kamers, kuurterrassen, een feestzaal, een ruime inkomhal met daarboven een toren en een parktuin met Franse allures. Omwille van de hygiëne waren de wanden bekleed met linoleum, en de ramen werden zo weinig mogelijk gesloten om altijd frisse lucht door het gebouw te laten circuleren. Het sanatorium wordt nu nog door veel architectuurliefhebbers en -kenners beschouwd als een meesterwerk van het modernisme. Het werd gebouwd door Maxime Brunfaut, in opdracht van de socialistische verzekeringsmaatschappij La Prévoyance Sociale. Het werd vernoemd naar de eerste directeur.

Today the Sanatorium Joseph Lemaire, located 19 kilometres to the south of Brussels, is in a poor state of disrepair as it awaits conversion into a home of rest with service flats. Covering a total of 33 hectares, the complex has stood empty since 1987. Fifty years earlier, in 1937, the sanatorium opened amid great interest, even internationally. It was an imposing hospital for tuberculosis patients and was advanced and luxurious for its time, with rooms furnished in a modern style, treatment terraces, a reception room, a spacious entrance hall with a tower above it, and a garden park in the French manner. Linoleum covered the walls for reasons of hygiene, and the windows were left open as much as possible so that fresh air could always circulate through the building. Many architecture fans and experts consider the sanatorium to be a masterwork of modernism. It was built by Maxime Brunfaut to a commission from the socialist insurance company La Prévoyance Sociale, and it was named after the first director.

PS
VERZEKERINGE

ATOMIUM

45 **Atomiumsquare, Brussel / Bruxelles**
Bouwjaren / Built in: 1958
Architect: André Waterkeyn (1917-2005) e.a./a.o.

Het Atomium is wellicht het bekendste uithangbord van Brussel, een herkenbaar en iconisch ankerpunt in de skyline, en een belangrijk symbool van België. Nochtans werd het niet gebouwd voor de eeuwigheid, maar slechts voor de duur van de Wereldtentoonstelling die in 1958 in Brussel plaatsvond. Het was het belangrijkste paviljoen van de expo, en een verbeelding van het verlangen naar vrede tussen alle volkeren en het geloof in de vooruitgang, dankzij de wetenschap. Ingenieur André Waterkeyn maakte een ontwerp voor een constructie van aluminium en metaal, van 102 meter hoog, met negen bollen die met elkaar zijn verbonden door buizen. Het stelt de atoomstructuur van een elementair ijzerkristal voor, 165 miljard keer vergroot. Omdat het publiek zo enthousiast was, bleef het Atomium staan, en in 2004 kreeg het een grondige opknapbeurt, om de bollen opnieuw te doen blinken. Het bureau Conix Architecten bouwde een nieuw onthaalpaviljoen, en Ingo Maurer zorgde voor de verlichting van en in het gebouw.

The Atomium is perhaps the best-known landmark in Brussels, a recognisable and iconic monument on the skyline, and an important symbol of Belgium. Nonetheless, it was not built for eternity but for the duration of Brussels World's Fair in 1958. It was the most important pavilion of the fair and an expression of the desire for peace among all races and the belief in progress through science. Engineer André Waterkeyn made a design for a structure of aluminium, 102 metres in height, with nine spheres connected to one another by tubes. It represents the atomic structure of an elementary iron crystal, magnified 165 billion times. Owing to the enthusiastic public response, the Atomium remained standing and in 2004 was given a thorough facelift to make all the spheres shine again. The office Conix Architects built a new reception pavilion, and Ingo Maurer provided the illumination inside and outside the structure.

EEUWFEESTPALEIS HEIZEL HALL 5 HEYSEL

46 **Belgiëplein 1, Brussel / Place de Belgique 1, Bruxelles**
Bouwjaren / Built in: 1935
Architect: Jozef Van Neck (1880-1959)

Expo '58 is de bekendste, maar in Brussel werden meerdere Wereldtentoonstellingen georganiseerd: in 1888, 1897, in 1910 en in 1935. Voor de Expo van 1935, ter ere van het honderdjarige bestaan van België, werd besloten een nieuwe locatie te zoeken — de vorige waren te klein — en dat werd de site van de Heizel: groen, weinig bewoond, en goed bereikbaar. Tuinarchitect Jules Buyssens integreerde het Osseghempark in de site. Voor de bouw van de paviljoenen en hallen, rond het toen al bestaande Heizelstadion, werd een beroep gedaan op de Brusselse architect Jozef van Neck. Hall 5 werd het pronkstuk van de site: een statig gebouw in artdecostijl, opgetrokken uit beton en bekleed met natuursteen. Op de monumentale gevel staan vier imposante beeldhouwwerken van E. Rombaux, gedragen door vier gigantische gevelribben. De hall, met een bruikbare oppervlakte van 15.000 m², bestaat uit een middenfront en twee lagere zijgedeeltes, en daarbovenop een indrukwekkende trappenconstructie achter glas. Later werd de site in verschillende fases uitgebreid, met onder andere de bouw van het Atomium in '58.

The World Fair of Brussels in 1958 is the most famous, but Brussels hosted similar fairs in 1888, 1897, 1910 and 1935. For the 1935 fair, held to mark the centenary of the founding of Belgium, the organisers decided to look for another location — the sites previously used were too small — and opted for the site of the Heysel: green, sparsely populated and easily accessible. Garden architect Jules Buyssens integrated the Osseghem Park into the site. Brussels architect Jozef Van Neck was appointed to design the pavilions and halls around the then existing Heysel Stadium. Hall 5 became the showpiece of the site: a stately structure in art deco style built of concrete and finished in stone. Four imposing sculptures by E. Rombaux perched on top of four gigantic columns adorn the monumental façade. With a usable floor area of 15,000 square metres, the hall consists of a central nave flanked by two lower side wings, with above an impressive staircase structure behind glass. The site was extended later in phases and included the construction of the Atomium in 1958.

5
89e SALON
AUTO MOTO VAN
15-23 JAN 2011
DRIVE YOUR DREAM

KONINKLIJKE SERRES
ROYAL GREENHOUSES

(47) **Koninklijke Parklaan, Brussel / Avenue du Parc Royal, Bruxelles**
Bouwjaren / Built in: 1876-1902
Architect: Alphonse Balat (1818-1895) e.a.

De koninklijke serres in Laken zijn niet alleen een must voor wie geïnteresseerd is in fauna, maar ook voor liefhebbers van laat-negentiende-eeuwse architectuur. Ze werden ontworpen door Alphonse Balat, de leermeester van Victor Horta, in opdracht van koning Leopold II, de zogenoemde 'koning-bouwheer' die Brussel liet heraanleggen naar het voorbeeld van Parijs. Het serrecomplex sluit aan bij de klassieke bouwstijl van het Koninklijk Paleis, en is in feite een uitbreiding van de toen al bestaande oranjerie die was opgericht door Willem I. Eerst bouwde Balat enkele serres en de wintertuin: een grote ronde constructie in staal en glas, met Dorische zuilen als ondersteuning voor de spanten van de koepel. Daarna volgden nog een pompstation, vier nieuwe serres — ditmaal ontworpen door Marchand — de Kongoserre en een toegangspaviljoen. In 1893 voltooide Balat het pronkstuk van het complex: de neobyzantijnse 'IJzeren kerk', in staal en glas, en nadien volgden nog een paar kleinere serres van architect Henri Maquet.

The Royal greenhouses in Laken are a must-see not only for everybody interested in fauna but also for lovers of late-nineteenth-century architecture. They were designed by Alphonse Balat, tutor to Victor Horta, to a commission from King Leopold II, the so-called 'King Client', who ordered the replanning of Brussels after the example of Paris. The complex of greenhouses harmonises with the classical architecture of the royal palace, and was in fact an extension of the then existing orangery founded by Willem I. Balat first built a number of greenhouses and the winter garden, a large round structure in steel and glass and with Doric columns that support the trusses of the dome. They were followed by a pumping station, four additional greenhouses (designed by Marchand), the Congo greenhouse, and an entrance pavilion. In 1893 Balat completed the showpiece of the complex: the neo-Byzantine 'Iron Church' made of steel and glass. A few smaller greenhouses designed by architect Henri Maquet complete the composition.

PALEIS VOOR SCHONE KUNSTEN
CENTRE FOR FINE ARTS

48 **Ravensteinstraat 23, Brussel / Rue Ravenstein 23, Bruxelles**
Bouwjaren / Built in: 1922-1928
Architect: Victor Horta (1861-1947)

Het Brusselse Paleis voor Schone Kunsten van Victor Horta is een typisch voorbeeld van art-decoarchitectuur, in tegenstelling tot zijn andere bekende gebouwen, die in de art-nouveaustijl ontworpen werden. Het Paleis voor Schone Kunsten was een uitdaging voor de architect, die rekening moest houden met het grote niveauverschil van het bouwterrein, de beperkte bouwhoogte die door de stad was opgelegd, en de verplichte aansluiting bij de winkels in de Ravensteinstraat. Horta bedacht een gebouw met een oppervlakte van maar liefst 32.000 m² dat zich als een labyrint presenteert, met acht verschillende verdiepingen, waarvan een deel ondergronds. De hoofdingang aan de Ravensteinstraat leidt eerst naar een rotonde, vervolgens naar een vestibule en dan naar een grote hal (de Victor Horta Hal) met optimale lichtinval. Van daaruit heeft men toegang tot de omliggende tentoonstellingszalen. Er is ook een grote concertzaal, genoemd naar de Brusselse kunstenmecenas Henry Le Boeuf, een kamermuziekzaal en een recitalzaal.

The Centre for Fine Arts in Brussels by Victor Horta is a typical example of art deco architecture. It differs from his other well-known buildings, which he designed in the art nouveau style. The Centre for Fine Arts was a challenge for the architect, who had to take into account the big height difference across the site, the limited building height permitted by the municipality, and the requirement to harmonise with the shops on Ravensteinstraat. Horta came up with a building with an area of no fewer than 32,000 square metres that reads as a labyrinth, with eight different levels, part of which is underground. The main entrance from Ravensteinstraat leads first to a rotunda, then to a vestibule, and then to a large hall (the Victor Horta Hall) with excellent natural light. From here one has access to the surrounding exhibition galleries. There is also a large concert hall, named after the Brussels art patron Henry Le Boeuf, a hall for chamber music, and a hall for recitals.

RAVENSTEINGALERIJ / GALLERY & SHELL-BUILDING

49 **Kantersteen, Brussel / Rue Cantersteen, Bruxelles**
Bouwjaren / Built in: 1930-1934 & 1954-1958
Architect: Alexis Dumont (1877-1962)

In 1954 en 1958 tekende Alexis Dumont, samen met zijn broer Philippe, de plannen voor de Ravensteingalerij, die het Kantersteen met de Ravensteinstraat verbindt en een belangrijke voetgangersverbinding vormt tussen de boven- en benedenstad – de galerij overbrugt een hoogteverschil van 10 meter. Het gebouw werd opgetrokken in de zogenaamde Internationale Stijl en is een beschermd monument. Eerder, tussen 1930 en 1934, had Alexis Dumont ook, in samenwerking met Marcel Van Goethem, de aanpalende Europese Shell-building gerealiseerd op het Kantersteen, in opdracht van de Amerikaanse oliemaatschappij Shell. Het is een zakelijk kantoorgebouw met als belangrijkste karakteristiek de gebogen gevel met afgeronde hoek, waarop amper decoratie is aangebracht. Door de terugloop van de bovenste verdiepingen worden de horizontale lijnen benadrukt: daarmee is het gebouw een voorbeeld van het modernisme van het interbellum.

In 1954 and 1958 Alexis Dumont and his brother Philippe drew up the design for the Ravensteingalerij, a gallery that connects two streets, Kantersteen and Ravensteinstraat, and forms an important pedestrian route between the upper and lower parts of the city — the gallery bridges a height difference of 10 metres. The building was erected in the so-called International Style and is now a classified monument. Earlier, between 1930 and 1934, Alexis Dumont designed, in collaboration with Marcel Van Goethem, a European Shell building on Kantersteen in Brussels, commissioned by the American oil company Shell. It is a pragmatic office building whose salient feature is the curved façade with rounded corner to which almost no decoration is applied. Setting back the upper floors emphasises the horizontal lines, making the building an example of modernism from the inter-war period.

KANTOORGEBOUW BBL (ING)
OFFICE BUILDING BBL (ING)

50 **Marnixlaan 24, Brussel / Avenue Marnix 24, Bruxelles**
Bouwjaren / Built in: 1959-1961
Architect: Gordon Bunschaft (1909-1990)

De beroemde Amerikaanse architect Gordon Bunschaft (winnaar van de Pritzker Prize, in 1988) heeft slechts één gebouw in Europa getekend, en dat staat in België, meer bepaald op de Brusselse Marnixlaan. Het gaat om een opvallend modernistisch kantoorgebouw dat de Belgische baron Lambert liet bouwen als hoofdzetel voor de Brusselse Bank Lambert, vlakbij het Koninklijk Paleis. Bunshaft, van het bureau Skidmore Owings & Merrill (SOM) kondigde met de monumentale constructie een nieuwe generatie kantoorgebouwen aan. Hij maakte gebruik van de techniek van een zichtbaar skelet, die in de jaren 1960 werd geïntroduceerd. Het draagsysteem van het gebouw is zichtbaar op de gevel, die opgebouwd is uit pregefabriceerde maar wel decoratieve betonelementen. Ze worden door T-elementen samengevoegd tot een strak patroon van horizontale en verticale lijnen. Graaf Lambert bouwde voor zichzelf een penthouse in het gebouw, recht tegenover de vertrekken van de koning in het Paleis. Vandaag is het gebouw eigendom van de ING-bank.

The famous American architect Gordon Bunshaft (winner of the Pritzker Prize in 1988, the most prestigious international architecture prize) designed just one building in Europe, and that is located in Belgium, and more specifically on the Avenue Marnix in Brussels. It is a strikingly modernist office building commissioned by the Belgian banker Lambert as the head office of the Bank Bruxelles Lambert, close to the Royal Palace. Bunshaft, of the office Skidmore Owings & Merrill (SOM), heralded a new generation of office buildings with this monumental construction. The structure avails of the technology of an exposed skeleton, which was introduced in the 1960s. The load-bearing system is visible on the façade composed of prefabricated yet decorative concrete components. They are connected by T-shaped elements to form a rigid pattern of horizontal and vertical lines. Lambert, who was a count, built a penthouse for himself in the building, directly opposite the rooms of the king in the Palace. Today the building is owned by the ING Bank.

THÉÂTRE NATIONAL

51 **Emile Jacqmainlaan 111-115, Brussel**
Boulevard Emile Jacqmain 111-115, Bruxelles
Bouwjaren / Built in: 2002-2004
Architect: L'Escaut & Atelier Gigogne

Sinds 2004 heeft het Théâtre National, het belangrijkste theater van de Franse Gemeenschap, een nieuw onderkomen, in een gebouw van architecten Marc Lacour, Pierre Van Assche en Olivier Bastin (deze laatste is sinds 2009 Brussels Bouwmeester). Het theater, met een geritmeerde gevel met kristallijnen glasvinnen, is een voorbeeld van compromisloze hedendaagse architectuur die toch heel elegant zijn plaats inneemt in het straatbeeld van het Brusselse stadscentrum, tussen postmoderne panden en anonieme kantoorgebouwen. Binnen is een radicale breuk gemaakt tussen enerzijds de realiteit, de wereld van het dagelijkse leven, en anderzijds de irreële, artificiële wereld van de scène. De foyers, het café-restaurant, de kantoren en de hal zijn stralend witte ruimtes, met veel daglicht en houten trappen en handgrepen; het theatrale gebeuren daarentegen speelt zich af in duidelijk aparte zwarte dozen. Er zijn drie zulke dozen: een grote multifunctionele zaal (750 personen), een kleine zaal met een vaste tribune voor 250 personen en tenslotte de repetitieruimte.

In 2004 the Théatre National, the most important theatre of the French-speaking community, acquired a new accommodation in the brand-new building by the architects Marc Lacour, Pierre Van Assche and Olivier Bastin (the last of these has been Brussels City Architect since 2009). With a rhythmic façade of crystalline glass fins, the theatre is an example of uncompromising contemporary architecture that still elegantly blends into the streetscape of the centre of Brussels between post-modern buildings and anonymous office structures. Inside, there is a radical distinction between on the one hand the everyday reality of ordinary life and on the other the fictional, imagined world of the stage. The foyers, the café and restaurant, the offices, and the hall are dazzlingly white spaces, with plenty of daylight and wooden stairs and handrails; the theatrical performances, by contrast, take place in clearly distinct black boxes. There are three such boxes: a large multipurpose auditorium (capacity of 750), a small auditorium with fixed seating tiers for 250 people, and finally the rehearsal space.

THEATRE NATION

KUNSTENCENTRUM/ARTS CENTRE LES BIRGITTINES

52 **Korte Brigittinenstraat, Brussel / Petite Rue des Brigittines, Bruxelles**
Bouwjaren / Built in: 1667 & 2001-2007
Architect: Andrea Bruno (°1931)

De kloosterorde van de Brigittinen kwam in de zeventiende eeuw naar Brussel, en richtte er een klooster op, in de Marollen. Even later volgde de bouw van een eenbeukige kloosterkapel in Vlaams-Italiaanse barokstijl. Na honderd jaar werd het kerkje ontwijd en vanaf dan kende het verschillende bestemmingen: een boekenopslagplaats, een apotheek, een armenhuis, een biermagazijn, een slachthuis, beenhouwerij, ... In de loop van de twintigste eeuw werd de kapel gerestaureerd en geklasseerd, en in 1999 werden plannen getekend, door de Italiaanse architect Andrea Bruno, voor een verbouwing tot cultureel centrum. De zeventiende-eeuwse kapel moest onaangetast blijven, maar tegelijkertijd moest het centrum alle moderne technieken en faciliteiten bieden. Daarom ontdubbelde Bruno de kapel: hij ontwierp een hedendaagse kopie met een gevel met staal, beton en vooral veel glas, als een spiegel voor het oude gedeelte. De nieuwbouw is met de kapel verbonden door een glazen gang, en biedt onderdak aan onder meer loges, bureaus en een repetitieruimte.

The convent order of the Birgittines arrived in Brussels in the seventeenth century and founded a convent there in the Marolles district. Soon after, they built a one-nave convent chapel in the Flemish-Italian baroque style. A century later the small chapel was deconsecrated, and ever since it has been used for all sorts of purposes: it was a book depot, a pharmacy, an almshouse, a place to store beer, a slaughterhouse, a butcher's shop and more besides. During the twentieth century the chapel was restored and acquired protected status. And in 1999 the Italian architect Andrea Bruno drew up plans to convert it into a cultural centre. Even though the seventeenth-century chapel could not be altered, the centre had to offer the most up-to-date technology and facilities. That is why Bruno duplicated the chapel: he designed a contemporary replica with a façade of steel, concrete and, especially, lots of glass to mirror the old volume. A glazed corridor connects the new structure with the chapel and contains loges, offices and a rehearsal space.

JEUGDTHEATER BRONKS
YOUTH THEATRE BRONKS

53 **Varkensmarkt 15, Brussel / Rue du Marché aux Porcs 15, Bruxelles**
Bouwjaren / Built in: 2002-2009
Architect: Martine De Maeseneer Architects

In 2011 zat er voor het eerst een Belgisch gebouw bij de finalisten voor de prestigieuze internationale architectuurprijs, de Mies van der Rohe Award. De eer komt toe aan het Bronks Jeugdtheater, dat ontworpen werd door Martine De Maeseneer Architecten. Het is een innoverend gebouw, omdat niet enkel de klassieke theaterfuncties een plek hebben gekregen (kijken naar theater en theater maken): er is ook rekening gehouden met de mogelijkheid dat publieke en privé-instanties van het complex gebruik kunnen maken voor uiteenlopende activiteiten. Zo is er in het midden, tussen de repetitieruimte en de grote zaal, een soort septum waarmee nieuwe ruimtes gecreëerd kunnen worden. Er zijn in totaal vier soorten ruimtes, die over vier bouwlagen heen geplaatst zijn – behalve de grote zaal en de repetitieruimte zijn er ook het onthaal, het café en een smalle maar wel gevelbrede foyer. Omwille van de beperkt toegelaten bouwhoogte, is het Bronks gedeeltelijk ingegraven, met een souterrain en een bel-etage. De gevel is transparant, en brengt op die manier het fascinerende interieur naar buiten, om daar verweven te worden met de context.

2011 was the first year in which the finalists of the prestigious architecture prize called the Mies van der Rohe Award included a Belgian building. The honour goes to the Bronks Youth Theatre, which was designed by Martine De Maeseneer Architecten and opened in March 2009. It is an innovative building because it does more than accommodate spaces for theatre (watching drama and making drama). Public and private organisations can also make use of the building for all sorts of activities. Located in the centre, for example, between the rehearsal space and the main auditorium, is a sort of septum where new spaces can be created. There are four types of spaces in total, distributed on four levels. In addition to the main hall and the rehearsal space, which can also function as a playroom, there is a reception area, a cafe, and a narrow foyer that extends the width of the façade. Because of the limited height permitted, the Bronks building is partly lowered and features a basement and a piano nobile. The façade is transparent, revealing the fascinating interior to the outside and weaving it to the surroundings.

WOON- / HOUSING COMPLEX SAVONNERIE HEYMANS

54 Anderlechtsesteenweg 133, Brussel / Rue d'Anderlecht 133, Bruxelles
Bouwjaren / Built in: 2010
Architect: MDW Architecture

De voormalige zeepziederij Heymans, in het centrum van Brussel, werd door architectenbureau MDW Architecture gerenoveerd tot een groot residentieel complex — bijna een klein dorp — met 42 duurzame woonruimtes, waaronder studio's, appartementen, duplexen, lofts en huisjes, maar ook gemeenschappelijke (buiten)ruimtes zoals een bosrijke binnentuin, een vergaderzaal, een promenade en een speelruimte voor kinderen. Sommige historische elementen op de site werden hersteld en opnieuw gebruikt, en bij de keuze van nieuwe materialen werd rekening gehouden met het industriële verleden van de site. Er is zeer veel aandacht besteed aan de energie-balans en de eco-vriendelijkheid van de woningen: ze zijn allemaal energiezuinig door de isolatie en materiaalsoorten, en er zijn ook vier passiefwoningen. In 2011 won het project de prestigieuze MIPIM Award, op de jaarlijkse internationale vastgoedbeurs in Cannes.

The former Heymans soap works in the centre of Brussels was converted by architecture firm MDW Architecture into a large residential complex — almost a small village — containing 42 sustainable living units including studios, apartments, duplexes, lofts and small dwellings, as well as communal (outdoor) spaces such as a leafy courtyard garden, a meeting room, a promenade and a play space for children. Some historical elements on the site were restored and used again, and the choice of new materials was influenced by the site's industrial past. Great attention was paid to the energy balance and eco-friendliness of the dwellings: they all consume minimum energy thanks to insulation and types of materials, and there are also four energy-neutral dwellings. In 2011 the project won the prestigious MIPIM Award at the annual international real estate fair in Cannes.

KEUKENTOREN COOVI
KITCHEN TOWER COOVI

55 **E. Gryzonlaan 1, Anderlecht / Avenue E. Gryzon, Anderlecht**
Bouwjaren / Built in: 2008-2011
Architect: Xaveer De Geyter Architecten

In Anderlecht, pal naast de Ring, staat sinds 2011 een ranke elegante toren – een bescheiden toren in hoogte (67 meter), opgebouwd uit veertien kolomloze niveaus van 12 op 12 meter. Het gebouw doet denken aan een kantoorgebouw uit de jaren '50-'60, maar het is een keukentoren: per verdieping komt er een grote glazen kamer die een keuken en een leslokaal wordt voor de leerlingen van de hotelschool COOVI (Campus Elishout). Er zijn ook technische ruimtes en opslagruimtes, en op de bovenste verdieping komt een publiek toegankelijke bar met restaurant. Het is geen voor de hand liggende keuze om keukens op elkaar te stapelen, maar de toren heeft ook een mooie rol te vervullen in de stedenbouwkundige context: hij sluit aan bij de al bestaande gebouwen op de campus, en de betreffende kant van de Brusselse Ring wordt erdoor opgewaardeerd. Het is in ieder geval een eigenzinnig gebouw, ook omwille van de gedurfde draagstructuur: elke klas-keuken 'hangt' tussen een reeks verticale kokers. Aan de oostzijde gaat achter een zwarte betonnen mantel met ronde verluchtingsgaten de noodtrap schuil.

Since 2011 a slender, elegant tower stands next to the Ring in Anderlecht. At 67 metres, it is a modest tower in terms of height, composed of fourteen column-free levels of 12 by 12 metres. The building calls to mind an office building from the 1950s or 1960s, but it is a kitchen tower: each floor contains a large glazed space featuring a kitchen and classroom for the pupils at the COOVI hotel school (Campus Elishout). There are also technical and storage spaces, and on the top floor there will be a publicly accessible bar with restaurant. Stacked kitchens on top of one another is not an obvious spatial arrangement, but the tower has a significant role to play in the urban context: it blends with the existing buildings on the campus, and upgrades that side of the motorway around Brussels in the process. It is in any case a building with a distinctive character, also because of the bold structure: each classroom-kitchen unit 'hangs' between a series of vertical cylinders. Hidden on the east side behind the black concrete cladding with round ventilation openings is the escape stairs.

ARCHITECTENWONING
HOUSE OF THE ARCHITECT

(56) **Amerikaansestraat 25, Sint-Gillis / Rue Américaine 25, Saint-Gilles**
Bouwjaren / Built in: 1898-1901
Architect: Victor Horta (1861-1947)

Wie de geest van de art nouveau wil voelen, kan niet om een bezoek heen aan het Hortamuseum: het voormalige woonhuis en atelier van Victor Horta, de bekendste en meest gelauwerde art-nouveauarchitect in België. Hij bouwde zijn eigen huis op het toppunt van zijn carrière, en het werd een echt visitekaartje. De indrukwekkende glazen koepel boven het trappenhuis laat het licht binnenstromen, en overal zijn de weelderige lichte ornamenten te zien die typisch zijn voor de art nouveau, zoals plantaardige motieven, vlechtmotieven en arabesken, die van het huis een totaalkunstwerk maken. Maar het is ook praktisch, zowel wat de indeling betreft, als wat betreft moderne voorzieningen, zoals verlichting en centrale verwarming. Nochtans is Horta er zelf niet blijven wonen: na de Eerste Wereldoorlog kwam de architect tot de conclusie dat de art nouveau achterhaald was, en verhuisde hij naar een neoklassieke woning. In de periode die volgde, werden heel wat van Horta's panden afgebroken, maar zijn eigen huis bleef gelukkig gespaard, en is sinds 1969 toegankelijk als museum.

A visit to the Horta Museum is a must to feel the spirit of art nouveau. It is housed in the former home and studio of Victor Horta, the best-known and most celebrated art nouveau architect from Belgium. He built his home at the height of his career and it became a real showpiece. The impressive glass cupola above the staircase allows light to flood the interior, and visible everywhere are the opulent and delicate ornaments typical of the art nouveau style, among them natural and woven motifs and arabesques, which turn the house into a total work of art. But it is also practical in terms of its interior arrangement and modern amenities, including artificial illumination and central heating. Nevertheless, Horta did not remain living here: after World War I the architect came to the conclusion that art nouveau was outmoded and he moved into a neo-classical home. Many of Horta's buildings were demolished in the period that followed, but luckily his own home survived and has been accessible as a museum since 1969.

25

WONING WOLFERS
HOUSE WOLFERS

57 **Alphonse Renardstraat 60, Elsene / Rue Alphonse Renard 60, Ixelles**
Bouwjaren / Built in: 1929
Architect: Henry van de Velde (1863-1957)

De woning die Henry van de Velde bouwde voor fabrikant Raymond Wolfers dateert uit de periode van Van de Veldes tweede verblijf in België, waarin hij ook de dubbelwoning De Bodt in Elsene en zijn eigen villa in Tervuren bouwde. De woningen in kwestie hebben modernistische stijlkenmerken en zijn dus mooie voorbeelden van de manier waarop art-nouveau-architect Van de Velde evolueerde en de weg bereidde voor het modernisme. Het huis Wolfers heeft drie bouwlagen onder een plat dak en wordt gekenmerkt door afgeronde hoeken. Het is gebouwd op een hoekperceel en heeft dus twee gevels langs de straatkant – vooral de gevel in de A. Renardstraat valt op, omdat de bovenste verdieping trapsgewijs terugspringt. De uiterste hoek langs die kant wordt stelselmatig verhoogd door de schoorsteen. In geen van beide voorgevels is een voordeur; het pand is enkel toegankelijk via het aanpalend smeedijzeren hekken waarlangs je de ingang aan de achterzijde van het huis bereikt. Binnen gebruikte Van de Velde veel zwarte marmer.

The house that Henry van de Velde built for manufacturer Raymond Wolfers dates from his second period in Belgium, in which he also designed the De Bodt double house in Elsene and built his own villa in Tervuren. The houses in question possess modernist characteristics and are therefore good examples of the way in which the art nouveau architect Van de Velde evolved and paved the way for modernism. The Wolfers house contains three floors beneath a flat roof and is characterised by rounded corners. It occupies a corner site and so has two façades to the street. The façade to the A. Renardstraat in particular is notable because the top floor is recessed in a stepped manner, and the façade steps up to the chimney on the corner. Neither of the two front façades contains a front door; instead, the structure is only accessible through the adjoining wrought iron fencing from where you reach the entrance at the rear of the house. Van de Velde used a lot of black marble inside.

RESIDENTIES / RESIDENTIAL BUILDINGS LEOPOLD & ALBERT

58 **De Meeûssquare 22a-22b, 23-24 & Luxemburgstraat 27-29, 32, Elsene**
De Meeûssquare 22a-22b, 23-24 & Rue Luxembourg 27-29, 32, Ixelles
Bouwjaren / Built in: 1934-1936
Architect: Jean-Jules Eggericx (1884-1963) & Raphaël Verwilghen (1885-1963)

De residentiële woongebouwen Leopold en Albert zijn als architecturaal geheel beschermd; de twee modernistische gebouwen zijn in spiegelbeeld gebouwd. Het team achter deze flats, Jean-Jules Eggericx en Raphaël Verwilghen, heeft een belangrijke rol gespeeld voor de naoorlogse architectuur in Brussel. Beiden hadden als stedenbouwkundigen een uitgesproken visie op de (weder-)opbouw na WO I — Eggericx realiseerde in dat kader ook de tuinwijken Le Logis en Floréal (p. 136). Eggericx en Verwilghen waren voorstanders van hoogbouw, die ze noodzakelijk achtten voor een leefbaar Brussel. De bouw van de residenties Leopold en Albert, de eerste echte Brusselse torengebouwen, was in economisch opzicht in ieder geval een rendabel project, door de hoge woondichtheid die op een kleine oppervlakte gerealiseerd kon worden. Beide gebouwen werden en worden verder ook geprezen voor de hoge standaarden wat comfort betreft, en ook op esthetisch vlak, omwille van de eenvoudige lijnen en een geslaagde inplanting in de neoclassistische omgeving.

The Leopold and Albert apartment blocks enjoy protected status as an architectural ensemble. It consists of two modernist buildings that form each other's mirror image. The team behind the design, Jean-Jules Eggericx and Raphaël Verwilghen, made a significant contribution to post-war architecture in Brussels. Both urbanists had outspoken views on the city's reconstruction after World War I — Eggericx completed the garden suburbs of Le Logis and Floréal (p. 136) as part of that process. Eggericx and Verwilghen were advocates of high-rise construction, which they deemed necessary for adequate living conditions in Brussels. The construction of the Leopold and Albert apartment blocks, the first real tower structures in Brussels, was a profitable undertaking, economically at least, owing to the high density of residents accommodated on a small surface area. Both buildings were, and still are, praised on account of the high standard of comfort and also aesthetics, the simple lines, and the successful setting in neo-classical surroundings.

OMROEPGEBOUW FLAGEY
BROADCASTING BUILDING

59 Heilig Kruisplein, Elsene / Place Sainte-Croix, Ixelles
Bouwjaren / Built in: 1935-1938
Architect: Joseph Diongre (1878-1963)

Na zijn oprichting in 1930 had het Belgische Nationaal Instituut voor de Radio-Omroep (NIR) een op technisch en akoestisch vlak geschikt gebouw nodig. Diongre voldeed met zijn ontwerp aan die eisen — de kwaliteiten van de studio's lokten en lokken prestigieuze musici van over de hele wereld — en slaagde er tegelijk in architecturaal vernieuwend te zijn én het publiek een plaats te geven. Het omroepgebouw ziet eruit als een pakketboot met afgeronde vormen en een torentje. Binnen worden de verdiepingen verbonden door loopbruggen. Houten lambriseringen en gebogen lijnen doen denken aan het interieur van boten in de jaren '30. In de jaren '50 vond ook het nieuwe medium, televisie, onderdak in het Flageygebouw. In 1974 kwamen er verschillende culturele instellingen. Een twintigtal jaar later werd Flagey gerestaureerd om een nieuwe bestemming te kunnen krijgen als culturele ontmoetingsplaats, gewijd aan beeld en muziek. Tot op vandaag heeft Flagey een van de beste Europese concertzalen, waar tal van opnames gebeuren en het Brussels Philharmonic dagelijks repeteert (zie www.flagey.be).

After its founding in 1930, the Belgian National Institute for Radio Broadcasting (NIR) needed a building that met the technical and acoustic needs. Diongre met those needs with his design — the qualities of the studios attracted and still attract musicians from all over the world — and managed to be architecturally innovative while accommodating the public. The broadcasting building looks like a packet boat, with rounded edges and a turret. Inside, footbridges connect the different floors to each other. The timber panelling and curved lines recall boat interiors from the 1930s. In the 1950s the new medium of television also found its home in the Flagey building. In 1974, however, the various broadcasting corporations moved out and different cultural institutes moved into the building. In the late 1990s the structure was restored to accommodate its new function as a cultural centre devoted to images and music. Today, Flagey still has one of the best concert halls in Europe, where a lot of recordings take place and where the Brussels Philharmonic rehearses daily (see www.flagey.be).

RECTORAAT VUB
RECTOR'S OFFICE VUB

Pleinlaan 2, Elsene / Boulevard de la Plaine 2, Ixelles
Bouwjaren / Built in: 1971-1976
Architect: Renaat Braem (1910-2001)

Om de open en pluralistische visie van de jonge Vrije Universiteit Brussel te onderstrepen, ontwierp Renaat Braem een rectoraatsgebouw als een ellips. Braem koos deze vorm omdat hij aansluit bij de meest primaire vorm die in de natuur voorkomt, en dus bij de wetenschap. Hij zag er ook een symbool in van hoe de mens beweegt, zonder hoeken. En een ellips heeft meer dynamiek dan een cirkel, omdat er twee centra zijn. Het opvallende bakstenen gebouw werd zodanig ingeplant op het terrein van de nieuwe campus dat voorbijrijders eerst zicht hebben op de volledige gevel, die dan versmalt op de kop. Aan de gevel prijkt een golvende betonnen luifel die de indruk geeft uit de muur te komen, en waarop allerlei symbolen, onder meer afkomstig uit de wereld van de vrijmetselarij, in reliëf staan afgebeeld. Binnen valt de inkomhal op, met rode, witte en blauwe tegels, een ellipsvormige trap in merantihout en spiraalvormig tableau in baksteenmetselwerk. Evenmin te missen: de muurschilderingen die op elke verdieping een deel van de evolutie van de mens en de aarde voorstellen, en die Braem zelf ontwierp.

To underline the open and pluralist vision of the new Vrije Universiteit Brussel, Renaat Braem designed the rectorate building in the form of an ellipse. Braem chose this shape because it harmonised with the most elementary form found in nature, and therefore in science; he also viewed it as a symbol of how people move, without sharp angles. An ellipse possesses more dynamism than a circle, because it has two centres. The striking brick building was positioned on the grounds of the new campus in such a way that people driving by first see the entire façade, which then tapers towards the tip. Gracing the façade is a curved concrete roof overhang that looks like it protrudes out of the wall. Depicted in relief on the roof are all sorts of symbols, some of them taken from the world of freemasonry. Of note inside is the entrance hall with red, white and blue tiles, an ellipse-shaped stairs in meranti timber, a spiral-shaped scene in brick, and the murals on each floor that depict a stage in the evolution of mankind and the earth, which Braem himself designed.

STUDENTENCOMPLEX LA MÉMÉ
STUDENT HOUSING LA MÉMÉ

61 **Campus UCL, Mounierlaan 197, Sint-Lambrechts-Woluwe**
Campus UCL, Avenue Mounier 197, Woluwe-Saint-Lambert
Bouwjaren / Built in: 1971-1975
Architect: Lucien Kroll (°1927)

De 'Mémé' is de 'Maison Médicale' — een woon- en leefcomplex voor de studenten geneeskunde van de universiteit in Sint-Lambrechts-Woluwe. Het werd in 1970 ontworpen door de Belgische architect Lucien Kroll, en bestaat uit ongeveer 20 appartementen, 60 studio's, 200 kamers, 6 groepswoningen, een restaurant, bioscoop, winkels, kantoren, ... Kroll droomde, in de ideologische sfeer van Mei '68, van een gemeenschappelijke, gedeelde manier van wonen en van een democratische, antiautoritaire architectuur, met gelijkwaardige participatie door de opdrachtgevers. Hij bouwde de Mémé dus in nauwe samenspraak met de studenten. Het resultaat zijn drie bizar ogende gebouwen, met grillige, willekeurige vormen en diverse, verweerde materialen, gegroepeerd rond een binnenplaats.
Na een dispuut met de aannemer viel Kroll in onmin met de universiteit. Van de oorspronkelijk geplande 40.000 m² is slechts de helft gebouwd. La Mémé lokte hevige reacties uit, en in België vooral negatieve. In het buitenland werd hij dankzij La Mémé juist bekend en gewaardeerd.

The 'Mémé' is the Maison Médicale — a residential complex for students of medicine at the University in Sint-Lambrechts-Woluwe. It was designed in 1970 by Belgian architect Lucien Kroll, and consists of about 20 apartments, 60 studios, 200 rooms, 6 group dwellings, a restaurant, a cinema, shops, and offices. In the ideological mood of May '68 Kroll dreamed of a communal, shared way of living and of a democratic, anti-authoritarian architecture that involved clients as equals. He therefore built the Mémé is close consultation with the students. That resulted in three bizarre-looking buildings with whimsical, random shapes and various weather-stained materials grouped around a courtyard. After a dispute with the contractor Kroll fell out of favour with the university. Just half of the originally planned 40,000 square metres was built. The Mémé also provoked intense reactions in Belgium, most of them negative. He became known and respected abroad precisely on account of La Mémé.

STOCLETPALEIS
STOCLET PALACE

62 **Tervurenlaan 281, Sint-Pieters-Woluwe**
Avenue de Tervueren 281, Woluwe-Saint-Pierre
Bouwjaren / Built in: 1901-1911
Architect: Josef Hoffmann (1870-1956)

Josef Hoffmann was een van de belangrijkste architecten van de Weense Secession. Het Stocletpaleis, dat hij bouwde in opdracht van bankier en kunstverzamelaar Adolphe Stoclet, is een *Gesamtkunstwerk*: de architectuur van het gebouw, het interieur en de tuin werden als één geheel geconcipieerd. Hoffmann werkte hiervoor samen met de kunstenaars van de Wiener Werkstätte, zoals Franz Metzner, die een opvallende beeldengroep voor op de toren maakte, en Gustav Klimt, die zorgde voor mozaïeken in de eetzaal. Het Stocletpaleis vormt het hoogtepunt van de geometrische, abstracte jugendstil; het verschilt daarmee van de meer organische Brusselse art-nouveau-architectuur uit die tijd en kan beschouwd worden als een voorbode van moderne architecturale stromingen zoals art deco en kubisme. Sinds 1976 is het een beschermd monument; later werden ook de tuin en het interieur beschermd. In 2009 werd de villa toegevoegd aan de werelderfgoedlijst van UNESCO. Ze is tot op vandaag in privéhanden, momenteel onbewoond en niet toegankelijk voor het publiek.

Josef Hoffmann was one of the most important architects of the Viennese Secession. The Stoclet Palace, which he built to a commission from banker and art collector Adolphe Stoclet, is a *Gesamtkunstwerk*, or total work of art: the architecture of the building, the interior and the garden were conceived as a single entity. Hoffmann worked on the design with the artists from the Wiener Werkstätte, including Franz Metzner, who made a striking sculpture group for the tower, and Gustav Klimt, who provided the mosaics for the dining hall. Stoclet Palace counts as the pinnacle of the geometric, abstract Jugendstil; it thus differs from the more organic art nouveau architecture in Brussels of the period and can be considered a forerunner of later architectural movements such as art deco and cubism. It has enjoyed protected status since 1976; the garden and interior have since acquired a similar protected status. In 2009 the villa was added to the UNESCO list of world heritage sites. It has remained in private hands up to this day, and is currently unoccupied and closed to the public.

H
H

WONING LE PARADOR
HOUSE LE PARADOR

63 Louis Jasminlaan 297, Sint-Pieters-Woluwe / Avenue Louis Jasmin 297, Woluwe-Saint-Pierre
Bouwjaren / Built in: 1946-1948 & 1954
Architect: Jacques Dupuis (1914-1984)

Jacques Dupuis is een van de belangrijkste architecten uit de derde generatie modernisten in België. Hij werkte actief mee aan de heropbouw van België na de Tweede Wereldoorlog, onder andere met de bouw van sociale woonwijken. Samen met architect Albert Bontridder werkte Dupuis ook aan verschillende paviljoenen voor Expo '58. Dupuis heeft ook heel wat privéwoningen gebouwd, die hij concipieerde als vredevolle toevluchtsoorden. Hij ontwierp Le Parador voor zijn broer Paul-Victor in 1947, en slaagde erin de architecturale traditie te combineren met een nieuwe, moderne en organische visie op wonen, met als resultaat een gestileerd landelijk modernisme, vol vitaliteit. Le Parador doet aan als een *Gesamtkunstwerk* — Dupuis ontwierp ook de meubels, hij was beeldhouwer en tuinarchitect — en wordt beschouwd als de eerste woning van architecturaal belang in het naoorlogse België. De woning is opgebouwd uit twee contrasterende volumes: de oorspronkelijke woning met witgekalkte gevels, en de hogere vierkante toren, die later werd aangebouwd.

Jacques Dupuis is one of the most important architects from the third generation of modernists in Belgium. He actively helped to rebuild the country after World War II by, amongst other things, constructing social housing districts. Together with the architect Albert Bontridder, Dupuis also worked on various pavilions for the World Fair of Brussels in 1958. Further, Dupuis built numerous private houses, which he conceived as calm retreats. He designed Le Parador for his brother Paul-Victor in 1947, and succeeded in combining architectural tradition with a new, modern and organic vision of living, which resulted in a stylised rustic modernism full of vitality. Le Parador reads as a total work of art — Dupuis not only designed the furniture but was also a sculptor and garden architect — and it is considered the first house of architectural significance in post-war Belgium. It is composed of two contrasting volumes: the original house with white lime-washed façades, and the taller square tower added later.

WONING BERTEAUX
HOUSE BERTEAUX

64 **Fort Jacolaan, Ukkel / Avenue Fort Jaco, Uccle**
Bouwjaren / Built in: 1936
Architect: Louis Herman De Koninck (1866-1984)

Louis Herman De Koninck was een van de voortrekkers van de moderne beweging in België — hij was een groot bewonderaar van Le Corbusier. Hij was ook een functionalist, en hij deed onderzoek naar nieuwe bouwmaterialen en –technieken die beantwoordden aan de moderne noden. Hij ontwierp de destijds befaamde Cubex-keukens: het waren in ons land de eerste standaardkeukens, opgebouwd uit eenvoudige modulaire elementen. Zijn bewondering voor Le Corbusier blijkt uit de constructie van de villa Berteaux, die er langs de buitenkant een beetje uitziet als een schip, door elementen die ontleend zijn aan de machine- en scheepsbouw. (De Koninck maakte gelijkaardige keuzes voor de 'Paquebot' villa in Knokke.) Het belangrijkste volume van de woning Berteaux is kubusvormig, met een blinde voorgevel die enkel onderbroken wordt door enkele patrijspoorten. Het effect wordt nog versterkt door de ronde afdekking van de schoorsteen, door een balustrade rond het dakterras en het laddervormige venster van de garage, die een beetje aan een commandobrug doet denken.

Louis Herman De Koninck was one of the pioneers of the modern movement in Belgium and was a fervent admirer of Le Corbusier. He was also a functionalist who conducted research into new construction materials and techniques that responded to modern needs. He designed the then famous Cubex kitchens — the first standard kitchens in our country, composed of simple modular components. His admiration for Le Corbusier is evident from the construction of Berteaux House, which looks a little like a ship from outside, with components taken from mechanical engineering and shipping industries. (De Koninck made similar choices for the 'Paquebot' villa in Knokke.) The most important volume of Berteaux House is cubic, with a blank front façade pierced only by a few portholes. The effect is enhanced by the round covering on the chimney, by the balustrade around the roof terrace, and the ladder-shaped fenestration of the garage, which somewhat resembles a commando bridge.

59
69.E.69
NER·281

TUINWIJKEN / GARDEN DISTRICTS LE LOGIS & FLORÉAL

65 **Vorstlaan, Watermaal-Bosvoorde**
Boulevard du Souverain, Watermael-Boitsfort
Bouwjaren / Built in: 1922-1924 & 1922-1930
Architect: Jean-Jules Eggericx (1884-1963) & Louis van der Swaelmen (1883-1929)

De aanleg van de wijk Le Logis, kort na de Eerste Wereldoorlog, is exemplarisch voor de bekommernis van stedenbouwkundigen in die tijd om de verwoeste steden weer op te bouwen met zorg, oog voor sociale noden en met plaats voor groen. Voor een nieuwe residentiële wijk in de rand van Brussel werd in 1921 gekozen voor een site met een mooi zicht op het Zoniënwoud. Hoofdarchitect Eggericx en gaf aan de wijk een landelijke, regionale stijl. Le Floréal, een tweede wijk die onmiddellijk aansluit bij Le Logis, werd volgens hetzelfde concept vormgegeven. Ook al zijn de aan elkaar geregen huisjes klein, toch voelt het geheel niet aan als een typische sociale woonwijk. De wijk is namelijk in kleinere eenheden is ingedeeld met pleintjes, en er is veel zorg besteed aan de groene gebieden en de openbare ruimte in het algemeen. Beide wijken worden met elkaar verbonden door een torengebouw met een hoefijzerplattegrond, waarin centrale voorzieningen zijn ondergebracht.

The planning of the Logis district just after World War I is illustrative of the concern among urban designers at the time to rebuild the destroyed cities with care, with an eye for the social problems, and with space for greenery. The site chosen in 1921 for a new neighbourhood on the edge of Brussels features a fine view of the Sonian Forest. Jean-Jules Eggericx, responsible for the planning and planting, gave the neighbourhood a rustic, regional style. Floréal, a second neighbourhood right beside Logis, was designed according to the same concept. Even though the terraced houses are small, the area does not feel like a typical social housing estate. That is because the neighbourhood is divided into smaller units by small squares, and a great care was taken in designing the green areas and public spaces in general. A tower, horseshoe-shaped in plan and containing central amenities, connects the two neighbourhoods to each other.

LAMMERENDRIES
RUE
PRE DES AGNEAUX

KANTOORGEBOUW GLAVERBEL
OFFICE BUILDING GLAVERBEL

66 **Terhulpensesteenweg 166, Watermaal-Bosvoorde**
Chaussée de La Hulpe 166, Watermael-Boitsfort
Bouwjaren / Built in: 1963-1967
Architecten: André Jacqmain, Renaat Braem, Pierre Guillissen, Victor Mulpas

Het glasbedrijf Glaverbel (nu AGC Glass Europe) liet in de jaren 1960 een opvallend kantoorgebouw optrekken in een nieuwe zone in het Brusselse, bestemd voor de vestiging van bedrijven. De bijzondere ringvormige plattegrond en de rest van de plannen zijn het resultaat van een samenwerking tussen architecten André Jacqmain, Renaat Braem, Pierre Guillissen en Victor Mulpas. Ze kozen voor een gordijngevel: een niet-dragende gevel, in dit geval opgebouwd uit betonnen ringen, bekleed met hardsteen en metalen ramen zonder horizontale geledingen. Deze transparante naoorlogse bouwtechniek, zonder massieve buitenmuren, laat grote glaspartijen toe, en gaat hand in hand met meer aandacht voor de relatie tussen het gebouw en zijn context, in dit geval veel groen en grote bomen die in het oneindige worden weerspiegeld in de ruiten. Aan de andere kant van de gevel omsluit het gebouw een patio, wat zorgt voor veel licht in de kantoren.

The glass company Glaverbel (now AGC Glass Europe) commissioned the construction of a striking office building in a new zone in Brussels, earmarked as a location for businesses. The special, ring-shaped floor-plan and the rest of the design are the result of a collaboration between the architects André Jacqmain, Renaat Braem, Pierre Guillissen and Victor Mulpas. They opted for a curtain wall: a non-loadbearing façade made up of concrete rings, faced with ashlar and metal window frames without horizontal articulation. This transparent post-war construction technique, without massive outer walls, permits large expanses of fenestration and is complemented by added attention for the relation between the building and its context, in this case a lot of greenery and large trees that are reflected infinitely in the windows. On the other side of the façade the building encloses a patio, which allows plenty of light to penetrate the offices.

HERGÉ MUSEUM

67 Rue du Labrador 26, Louvain-la-Neuve
Bouwjaren / Built in: 2007-2009
Architect: Christian de Portzamparc

Het Hergé museum werd ontworpen door de Fransman Christian de Portzamparc, die niet enkel de houder is van een indrukwekkende naam maar ook van een indrukwekkend palmares: in 1994 won hij de prestigieuze Pritzker Architecture Prize. Zijn museum op een bosrijk domein in Louvain-la-Neuve is geconcipieerd vanuit een metafoor: het gebouw is een stripverhaal. De Portzamparc baseerde zijn plannen op een scenario, een soort van beeldend programma, dat de Nederlandse striptekenaar Joost Swarte schreef voor het museum. Het resultaat is een grote hal die aan een boot doet denken, met daarin vier volumes in pasteltinten, met een geometrische vorm, en met elkaar verbonden via loopbruggetjes. De ramen zijn als de kaders in een stripverhaal, en een van de trappen refereert duidelijk aan een trap zoals Hergé en Swarte die tekenen. Verspreid over acht zalen, die je doorloopt volgens een afdalend parcours, worden vooral originele tekeningen tentoongesteld.

The Hergé museum was designed by Frenchman Christian de Portzamparc, the possessor of not only an impressive name but also an impressive list of awards, including the prestigious Pritzker Architecture Prize in 1994. His museum in wooded surroundings in Louvain-la-Neuve is conceived according to the metaphor of the building as a comic strip. De Portzamparc based his scheme on a scenario, or a pictorial programme you could call it, that Dutch strip cartoonist Joost Swarte created for the museum. The result is a large hall that calls to mind a boat and contains four geometric volumes in pastel shades connected to one another with footbridges. The windows read as the frames of a comic story, and one of the stairs clearly refers to the way that Hergé and Swarte draw a stairs. Comprising eight galleries, which you walk through along a descending route, the museum mostly exhibits original drawings.

TORRINGTONFABRIEK
TORRINGTON FACTORY

68 **Rue de l'Industrie 4, Nivelles**
Bouwjaren / Built in: 1964
Architect: Marcel Breuer (1902-1981)

De firma Torrington (later Torin Corporation Factory), producent van luchtverplaatsingstoestellen, liet niet één, maar alle negen van zijn fabrieken wereldwijd bouwen door Marcel Breuer: in de VS, Canada, Australië, Engeland en ook in België. Daarmee zorgde het bedrijf ervoor dat kleinschalige industriële architectuur naar een hoger niveau werd getild: Breuer was immers een van de bekendste designers en architecten van zijn tijd. In de jaren '20 studeerde en werkte hij bij het Bauhaus in Weimar en Dessau. In 1935 trok hij met Walter Gropius naar Londen en later, net voor WW II, naar de architectuurfaculteit van Harvard, waar hij lesgaf en zijn stempel drukte op de woningbouw in de VS. Vanaf 1946 werkte hij als zelfstandig architect vanuit New York. Breuer was geïnteresseerd in de pure constructie, zowel van meubels als van gebouwen. Hij experimenteerde met materialen en hij gebruikte lijnen en texturen om grote oppervlaktes structuur te geven. Dat zie je duidelijk bij de Torringtonfabriek, waar een geometrisch patroon wordt gebruikt; de herhaling ervan geeft het monumentale gebouw een zekere rust.

A manufacturer of fans and propellers, Torrington (later renamed the Torin Corporation) commissioned Marcel Breuer to design not one but all nine of its factories around the world: in the US, Canada, £Australia, England, and also in Belgium. That enabled the company to raise the quality of small-scale industrial architecture, since Breuer was one of the best-known designers and architects of his day. He studied and worked at the Bauhaus in Weimar and Dessau in the 1920s before he departed for London in 1935 with Walter Gropius. Then, on the eve of World War II, he joined the architecture faculty at Harvard, where he taught and left his mark on housing construction in the US. After 1946 he worked as an independent architect in New York. Breuer was interested in pure construction, both of furniture and buildings. He experimented with materials and used lines and textures to give structure to large surfaces. You can see that clearly in the Torrington factory, where he deploys a geometric pattern whose repetition lends a distinct calmness to the monumental building.

MAC'S MUSEUM

69 Grand Hornu site, Rue Sainte-Louise 82, Hornu
Bouwjaren / Built in: 1994-2002
Architect: Pierre Hebbelinck Atelier d'Architecture S.A.

Rond de mijnputten van Hornu werd in de negentiende eeuw een complex van majestueuze industriële gebouwen opgericht. Vandaag zijn ze de intrigerende getuigen van de industriële revolutie, maar de site is ondertussen ook het visitekaartje van de Waalse culturele sector, die er met name design- en hedendaagse kunsttentoonstellingen presenteert. Het bijzonderste gebouw op de site is het MAC's (Musée des Arts Contemporains), van de eigenzinnige Luikse toparchitect Pierre Hebbelinck. Hij integreerde hagelwitte moderne museumzalen perfect in de historische context, in dit geval de bakstenen muren van een bestaand negentiende-eeuws mijngebouw. Het nieuwe gedeelte wordt verbonden met het oude door een zaal van 60 meter lang, die over oude ruïnes loopt en een niveauverschil overbrugt. Binnen zijn de zalen telkens anders, zowel wat afmetingen en lichtinval als wat materialen betreft. Elke ruimte krijgt op die manier een eigen sfeer. Onder meer door de manier waarop gebruik is gemaakt van glas is het verleden van de site altijd aanwezig, zonder de kunstbeleving in de weg te staan.

A complex of majestic industrial buildings rose up around the mine shafts of Hornu in the nineteenth century. Though they survive today as intriguing witnesses to the industrial revolution, the site has since become the calling card of the Walloon cultural sector, which presents design and contemporary art exhibitions in particular here. The most remarkable building on the site is the MAC's (Musée des Arts Contemporains), designed by the idiosyncratic Pierre Hebbelinck, a top architect from Liège. He integrated pure-white modern museum spaces into the historical context, in this case the brick walls of an existing nineteenth-century mine building. The new volume is connected to the existing structure by a gallery 60 metres in length, which extends over old ruins and bridges a height difference. Inside, each of the galleries is different not only in terms of dimensions and lighting conditions but also in terms of materials. Each space therefore acquires a character of its own. The use of glazing, amongst other things, ensures that the site's past is always visible, yet it never interferes with the art experience.

VOETGANGERSBRUG MATIVA
FOOTBRIDGE MATIVA

70 Quai Mativa, Liège
Bouwjaren / Built in: 1904-1905
Architect: François Hennebique (1842-1921)

Net als het Paleis voor Schone Kunsten (waar nu het Musee d'Art Moderne et d'Art Contemporain is ondergebracht), is de Mativa voetgangersbrug gebouwd voor de Wereldtentoonstelling in Luik in 1905. De expo werd ingericht om het industriële belang van Luik te onderstrepen, om 75 jaar Belgische onafhankelijkheid te vieren en om te gedenken dat Leopold II 40 jaar op de troon zat. De passerelle wordt ook vaak 'pont Hennebique' genoemd, naar de Franse ingenieur die ze bouwde. François Hennebique wordt beschouwd als de uitvinder van het gewapend beton, en dat is dan ook het materiaal dat hij gebruikte voor de elegante, lichte constructie van de voetgangersbrug. Voor die tijd was de overspanning van 55 meter in beton vernieuwend: het was een kans om aan publiek te tonen welke de nieuwe mogelijkheden waren. De brug over de Ourthe zorgde ervoor dat de bezoekers van de expo zich gemakkelijk konden verplaatsen van de wijk met de paleizen, in het Parc de la Boverie, naar het gedeelte met de hallen en de tuinen, langs de kant van de Mativa kaai.

Just like the Palace of Fine Art (which now houses the Musée d'Art Moderne et d'Art Contemporain), the Mativa footbridge was constructed for the World Expo held in Liège in 1905. The event was staged to underline the industrial importance of Liège, to mark 75 years of Belgian independence, and to celebrate that Leopold II had been on the throne for 40 years. The footbridge is often referred to as 'pont Hennebique', in reference to the French engineer who built it. François Hennebique is considered to be the inventor of reinforced concrete, which is also the material he deployed for the elegant, light structure of the bridge. The 55-metre span was innovative for its time, offering an opportunity to demonstrate the new possibilities to the public. Crossing the River Ourthe, the bridge enabled Expo visitors to move easily from the neighbourhood with the palaces, in the Parc de la Boverie, to the section containing the halls and the gardens, along the side of the Mativa Quay.

VOORMALIG FEESTPALEIS
FORMER PALACE EXPO '39

71 **Quai de Wallonie, Liège**
Bouwjaren / Built in: 1939
Architect: Jean Moutschen (1907-1965)

De wijk Coronmeuse, gelegen in het noorden van Luik, werd aangelegd naar aanleiding van de wereldtentoonstellingen van 1930 en 1939. Deze laatste expo, voluit de 'Exposition internationale de la technique de l'eau' werd georganiseerd ter gelegenheid van de inhuldiging van het Albertkanaal. De paviljoenen van de deelnemende landen, restaurants, parken enzovoort besloegen een terrein van zo'n 70 hectaren, uitgestrekt langs de oevers van de Maas. Een van de laatste architecturale getuigen van deze periode is het Palais des Fêtes van stadsarchitect Jean Moutschen. De meeste Luikenaars kennen het imposante gebouw, met op de gevel een fresco van Adolphe Wansart, als het 'Palais des Sports'. Het was lange tijd de schaatsbaan van de stad, maar in september 2012 gaat een gloednieuwe schaatsbaan open. Het oude Palais des Fêtes ligt er nu gesloten en verlaten bij. Het zou opnieuw zijn oorspronkelijke bestemming kunnen krijgen als feestpaleis, tenminste als Luik erin slaagt de organisatie van de wereldtentoonstelling van 2017 op zich te nemen.

The neighbourhood of Coronmeuse, located in the north of Liège, was designed for the World Expos of 1930 and 1939. The latter of these — its full title was the 'Exposition internationale de la technique de l'eau' — was organised to mark the inauguration of the Albert Canal. The pavilions of the participating countries, restaurants, parks and so on covered an area of some 70 hectares stretching along the banks of the River Meuse. One of the last architectural creations from this period is the Palais des Fêtes by city architect Jean Moutschen. Most people from Liège are familiar with the imposing building, with a fresco by Adolphe Wansart on the façade, like the 'Palais des Sports'. For many years it was the city's skate rink, but a brand-new skate rink opens in September 2012. The former Palais des Fêtes now lies closed and abandoned. It could acquire its original function again as a festival palace, at least if Liège succeeds in taking on the organisation of the World Expo in 2017.

INSTITUT D'ÉDUCATION PHYSIQUE

72 **Allée des Sports, ULG Campus Sart-Tilman, Liège**
Bouwjaren / Built in: 1967-1971
Architect: Charles Vandenhove (°1927)

Het Instituut voor Lichamelijke Opvoeding maakt deel uit van de campus Sart-Tilman van de universiteit Luik, die in de jaren '60 werd ingeplant in een groene omgeving buiten de stad. Ongeveer alle bekende Waalse architecten van dat moment namen een of meerdere gebouwen voor hun rekening, onder andere Claude Strebelle en André Jacqmain, en ook ingenieur René Greisch werkte mee. Het geheel vertoont weinig samenhang maar is wel een boeiende staalkaart van de Waalse architectuur in de twintigste eeuw. Het Instituut voor Lichamelijke Opvoeding – de universiteitssporthal – herbergt onder meer een gymnastiekzaal en een zwembad. Het heeft een heldere en eenvoudige structuur maar is tegelijkertijd afwisselend en verrassend. Van buiten valt de horizontaliteit van het gebouw op: het lijkt een vlak, overdekt plein met een enorm dak, maar binnen openbaren zich hoge ruimtes. Het gebouw maakte deel uit van de eerste bouwfase, en is mooi geïntegreerd in de site, waar Vandenhove eerder ook het boekenmagazijn had ontworpen (1964) en later nog het universitaire ziekenhuis neerzette (1965-1985).

The Institute for Physical Education forms part of the Sart-Tilman campus of the Université de Liège, built in green surroundings outside the city in the 1960s. Just about all renowned Walloon architects of that period took on the task of designing one or more buildings, among them Claude Strebelle and André Jacqmain, and engineer René Greisch also contributed. The ensemble displays little coherence but it amounts to an exciting collection of twentieth-century Walloon architecture. The Institute for Physical Education – the university sports complex – houses a gymnasium and a swimming pool, among other amenities. It boasts a clear and simple structure but is varied and surprising at the same time. From the outside the horizontality of the building is striking: it reads as a flat, covered square with a huge roof, but tall spaces reveal themselves inside. The building was part of the first phase of construction and is nicely integrated on the site, where Vandenhove had previously designed the book depot (1964) and would later complete the university hospital (1965-1985).

WONINGEN
HOUSING COMPLEX

73 **Rue Hors-Château & Cour Saint-Antoine, Liège**
Bouwjaren / Built in: 1978-1985
Architect: Charles Vandenhove (°1927)

De Rue Hors-Château, met voornamelijk zeventiende- en achttiende-eeuwse herenhuizen, ligt in een van de mooiste buurten van het oude Luik. Einde jaren '70 lagen die huizen er vervallen bij, en werd het tijd voor een ingrijpend renovatie- en restauratieproject. De opdracht, in combinatie met een nieuwbouw op de achterliggende binnenhof Cour Saint-Antoine, ging naar de Luikse architect Charles Vandenhove. Hij koos voor op het eerste gezicht moderne geometrische vormen als rechthoeken, cilinders en driehoeken, maar zorgde er door een zorgvuldige ritmering voor dat ze wonderwel passen bij de bestaande en vernietigde historische elementen zoals spaarnissen, zuilen en frontons. De moderne, eigentijdse vormen zijn zuiver, zonder compromissen, maar tegelijkertijd subtiel, waardoor de historische stukken onopvallend geïntegreerd konden worden. Hetzelfde geldt voor de appartementen en huizen die volledig nieuw gebouwd werden: er werd voluit gekozen voor eigentijdse materialen en structuren, waardoor het geheel niet pseudo-historisch maar juist tijdloos oogt.

Rue Hors-Château, lined predominantly with townhouses built in the seventeenth and eighteenth centuries, is situated in one of the finest neighbourhoods of old Liège. In the late 1970s these houses were in poor condition, and the time had come for a radical renovation and restoration project. The commission, which included a new structure on the Cour Saint-Antoine inner courtyard to the rear, was awarded to the architect Charles Vandenhove from Liège. He opted for what at first sight looks like modern geometric forms such as rectangles, cylinders and triangles. Their careful rhythm, however, ensures they harmonise wonderfully well with the existing and demolished historical elements such as niches, columns and pediments. The modern and contemporary forms are pure and uncompromising yet also subtle, integrating the historical elements discreetly. The same applies to the apartments and houses built entirely from scratch: the contemporary materials and structures give the finished work a timeless rather than pseudo-historical character.

CINEMA SAUVENIÈRE

74 **Place Xavier Neujean, Liège**
Bouwjaren / Built in: 2006-2008
Architect: V+ bureau vers plus de bien-être & BAS

De bouw van de cinema Sauvenière is het resultaat van de inzet van een groep cinefielen die, als tegenwind voor alle grote kinepoliscomplexen, een alternatievere cinemabeleving propageren. Ze ijveren voor een andere programmatie, in een bioscoop die als cultuurhuis op een passende manier is ingeplant in de publieke ruimte midden in de stad, en waar bijvoorbeeld een drankje na de film de aanzet kan zijn voor een boeiende en kunstzinnige avond. De architecten V+ vertaalden, in samenwerking met het ingenieursbureau BAS, die visie in een eigenzinnig hedendaags gebouw met vier cinemazalen en een café dat als een echte culturele ontmoetingsplaats kan functioneren. Het resultaat is gedurfd: uitwaaierende volumes voor de circulatie en een betonnen draagstructuur met balken en kolommen, geconcipieerd rond een binnenplein. De traphallen en foyers zijn ruim, met veel daglicht, en de overkapte inkom, die de verbinding vormt met de stad, maakt van de bioscoop een verwelkomend openbaar gebouw.

The construction of the Sauvenière cinema is the result of the efforts of a group of film enthusiasts. They wanted an alternative to all the large movie complexes in the form of a more cinematic experience offered by a different programme, in a building that is also appropriately inserted as a cultural venue in the public realm of the city. What is more, it is a place where a drink after the film can mark the start of a fascinating and artistically enriching evening. In collaboration with engineering form BAS, the architects V+ translated that vision into an idiosyncratic contemporary building containing four film theatres and a café that can function as a place of genuine cultural encounter. The result is a daring composition that features volumes for circulation that fan out and a concrete bearing structure with beams and columns arranged around a courtyard. Staircases and foyers are spacious and receive plenty of daylight. The covered entrance, which links the building to the city, turns the cinema into a welcoming public venue.

Pampers
Energizer

STATION LIÈGE-GUILLEMINS

75 **Place des Guillemins 2, Liège**
Bouwjaren / Built in: 1998-2009
Architect: Santiago Calatrava

De bouw van het tgv-station van Luik is een ambitieus (en duur) architecturaal project geweest, dat de ambitie van de stad onderstreept om zich te profileren als een belangrijk historisch en toekomstig knooppunt in Europa. Het is ook een symbool van de stedelijke vernieuwing die het Luik van de eenentwintigste eeuw opnieuw aantrekkelijk maakt als plek om te wonen, te werken en te ontspannen. De gigantische luifel over het station en de sporen is langs twee kanten open: wie aankomt op het station, krijgt zo een mooi uitzicht over de twee delen van de stad. Het station is gemaakt van staal, glas en wit beton. Het opvallendste kenmerk is de enorme overkapping: een technisch hoogstandje, waarbij de Spaanse architect Calatrava gebruik heeft gemaakt van zijn ervaring als bruggenbouwer. De vrije overspanning is in totaal 190 meter lang, en wordt opgevangen door kolommen, onder andere onder de platforms aan beide kanten van de perrons. De kap strekt zich dan verder uit over de perrons buiten de centrale hal, om zo een totale lengte van 410 meter te bereiken. Ook bijzonder is de parking, die bij de heuvel is ingegraven.

The construction of the TGV station in Liège was an ambitious (and expensive) architectural project, and one that underlines the city's ambition to present itself as an important historical and future interchange in Europe. It is also a symbol of the urban renewal that will make the Liège of the twenty-first century an attractive place again in which to live, work and relax. The gigantic roof over the station and the tracks is open along two sides; passengers arriving at the station therefore enjoy a splendid view of two parts of the city. The station is made of steel, glass and white concrete. The most striking feature is the enormous roof: a technical tour de force in which the Spanish architect Calatrava drew on his experience as a bridge builder. The free span is 190 metres wide and is supported along its edges by columns, including those beneath the platforms on both sides of the trains. The roof then extends further out over the platforms outside the central shed and thus reaches a total length of 410 metres. Another noteworthy feature is the car park, which is dug into the hillside.

COPYRIGHT FOTO'S / PHOTOS

p. 81 © 51N4E
Foto / Photo Stijn Bollaert
p. 83 © Foto/Photo Jean-Pierre Gabriel/OWI
p. 85 © Sportimonium
boven /top: Foto/Photo Rob Walbers
p. 87 © Tobias Ceulemans
p. 89 © Foto / Photo Jan Kempenaers
p. 91 © Foto / Photo Kristien Daem
p. 93 © Onroerend Erfgoed
Foto / Photo Hilde Kennes
p. 95 © Onroerend Erfgoed
Foto / Photo D. Stemgée
p. 97 © www.atomium.be
SABAM 2009 – DJ Sharko
p. 99 © Brussels Expo
p. 101 © Regie der Gebouwen/
Régie des Bâtiments
p. 103 © www.bozar.be
Foto / Photo boven Mikael Falke
p. 105 © Foto / Photo Tijl Vereenooghe
p. 107 © Foto / Photo Diane Hendrikx
p. 109 © L'Escaut Architectures - Foto / Photo
Marie-Françoise Plissart
p. 111 © Foto/Photo Pierre Wachholder
p. 113 © Foto / Photo Filip Dujardin/OWI
p. 115 © Foto / Photo Filip Dujardin/OWI
p. 117 © Xaveer de Geyter Architects
Foto / Photo Frans Parthesius
p. 119 © Foto / Photo Paul Louis
p. 121 © www.irismonument.be,
website van de Inventaris van het
bouwkundig erfgoed van het Brussels
Hoofdstedelijk Gewest
p. 123 © Foto / Photo Tijl Vereenooghe
p. 125 © www.flagey.be
Foto / Photo Lander Loeckx
p. 127 © Onroerend Erfgoed
Foto / Photo K. Vandevorst
p. 129 © Atelier d'Urbanisme, d'Architecture
et d'Informatique A.U.AI. sprl L. Kroll

p. 131 © Onroerend Erfgoed
Foto / Photo G. Charlier
p. 133 © Fonds Jacques Dupuis, Archives de
La Cambre-Architecture – SABAM
Belgium 2012
Foto/Photo Marie-Françoise Plissart
p. 135 © Foto/Photo Klaas Vermaas
p. 137 © Onroerend Erfgoed
Foto / Photo K. Vandevorst
p. 139 © Onroerend Erfgoed
p. 141 © Nicolas Borel —
Architect Christian de Portzamparc
p. 143 © David Marle
p. 145 © MAC's
p. 147 © Marc Verpoorten – Ville de Liège
p. 149 boven/top: © Marc Verpoorten —
Ville de Liège, onder/bottom:
© Marc-Emmanuel Mélon
p. 151 © Charles Vandenhove & Associés
Foto/Photo François Hers
p. 153 © Charles Vandenhove & Associés
Foto/Photo François Hers
p. 155 © Foto/ Photo Alain Janssens
Les Grignoux
p. 157 © Foto/Photo Tim Van de Velde/OWI

APPENDIX

Dit boek is samengesteld dankzij 29 Belgische architecten en architectuurkenners. Zij stelden lijstjes op met hun tien (soms meer, soms minder) favoriete gebouwen in België — gebouwen die in principe voltooid zijn na 1900.

Gebouwen die op meer dan een van deze lijstjes voorkomen, werden automatisch geselecteerd voor dit boek. Deze eerste selectie werd verder aangevuld met gebouwen die op slechts één lijstje voorkomen. Daarbij is de voorkeur gegeven aan gebouwen die een belangrijke architecturale prijs in de wacht sleepten, of waarvan de architect wel in meerdere lijstjes voorkomt, of aan gebouwen in steden en gemeenten die minder vertegenwoordigd zijn in de gids.

Op de volgende pagina's vindt u de namen en de gegevens van de architecten en kenners die meewerkten, en ook hun volledige top-tienlijstjes, met daarin dus ook de gebouwen die de uiteindelijke selectie niet gehaald hebben.

This book has been compiled with help from 29 Belgian architects and architecture experts. They submitted lists of their ten (sometimes more, sometimes fewer) favourite buildings in Belgium – buildings in principle completed after 1900.

Buildings that featured on more than one of these lists were automatically included in this book. The initial selection was then augmented with buildings that won important architecture prizes or whose architects appeared on several lists, and with buildings in towns and districts under-represented in the guide.

The following pages feature the names and details of the architects and experts who contributed, as well as their complete Top Ten lists, thus including the buildings that did not make the final selection.

B-architecten – www.b-architecten.be
Must see project: **Luifel Kielplein / Canopy roof Kiel square, Abdijstraat, Antwerpen**

Atomium, Brussel / Bruxelles: André Waterkeyn
Kapel / Chapel O.-L.-V. Van Kerselare, Edelare: Juliaan Lampens
Woonblokken / Social housing Kiel, Antwerpen: Renaat Braem
Woning / House 'De vier winden', Jabbeke: Constant Permeke
Sanatorium Joseph Lemaire, Tombeek: Maxime Brunfaut
Station Liège-Guillemins, Liège: Santiago Calatrava
Woning / House Haegens, Zele: Huib Hoste
Wijnbergkerk / church, Wevelgem: Dom Hans van der Laan
Voormalig PTT-gebouw / Former postoffice, Oostende: Gaston Eysselinck
MAS museum, Antwerpen: Neutelings Riedijk Architects

Claire Bataille – Claire Bataille & Paul iBens – www.bataille-ibens
Must see project: **Kantoor- en appartementsgebouw / Offices and apartment Corporate Xpertise, Plantinkaai 17, Antwerpen (i.s.m./with architect Kris van Zeebroeck)**

Architectenwoning / House of the architect, Gent: Marie-José Van Hee
MAS museum, Antwerpen: Neutelings Riedijk Architects
Architectenwoning / House of the architect, Eke (Nazareth): Juliaan Lampens
Kapel / Chapel O.-L.-V. Van Kerselare, Edelare: Juliaan Lampens
Roosenberg abdij / abbey, Waasmunster: Dom Hans van der Laan
Westkaai torens / towers, Antwerpen: Diener & Diener Architekten
Sportcentrum / Sports centre De Boerekreek, Sint-Jan-in-Eremo: Coussée & Goris Architecten
Galerie / Gallery Valerie Traan, Antwerpen: Bart Lens & Kris Coremans
Rectoraat / Rector's office VUB, Elsene / Ixelles: Renaat Braem
Kantoorgebouw / Office building Glaverbel, Watermaal-Bosvoorde / Watermael-Boitsfort: André Jacqmain, Renaat Braem, Pierre Guillissen & Victor Mulpas
Station Liège-Guillemins, Liège: Santiago Calatrava
Voormalig BP-gebouw / Former BP-building, Antwerpen: Léon Stynen

Luc Binst – Crepain Binst Architecture – www.crepainbinst.be
Must see project: **Kantoorgebouw / Office building Infrax West, Noordlaan 9, Torhout**

MAS museum, Antwerpen: Neutelings Riedijk Architects
Huis van de Stad / Town Hall, Lommel: Jo Crepain
Kapel / Chapel O.-L.-V. Van Kerselare, Edelare: Juliaan Lampens
Architectenwoning / House of the architect, Sint-Antelinks: Eugeen Liebaut
Architectenwoning / House of the architect, Brugge: Axel Ghyssaert
Woning / House Botte, Mechelen: bOb Van Reeth
Keukenpaviljoen / Kitchen pavilion Boxy, Deurle: Maarten Van Severen
Crematorium / Crematory Hofheide, Holsbeek: Coussée & Goris Architecten & RCR arquitectes
Woonblokken / Social housing Kiel, Antwerpen: Renaat Braem

Dag Boutsen – Departementshoofd Architectuur Sint-Lucas Gent – A.U.A.I. bvba (Atelier d'Architecture, d'Urbanisme et d'Informatique L. Kroll)
www.homeusers.brutele.be / kroll

Studentencomplex / Student housing La Mémé, Sint-Lambrechts-Woluwe / Woluwe-Saint-Lambert: Lucien Kroll
Woontoren / Tower résidence de la Cambre, Elsene / Ixelles: Marcel Peeters
Zwembad / Swimming pool Longchamps, Ukkel / Uccle: Charles De Meutter & Jean Koning
Jeugdtheater / Youth theatre Bronks, Brussel / Bruxelles: Martine De Maeseneer Architects
Een gebouw van / Any building by Jo Van Den Berghe
Wooncomplex / Housing complex Savonnerie Heymans, Brussel / Bruxelles: MDW Architecture
Een woongebouw van / Any residential building by Import Export Architecture
Woning / Housing Units Cheval Noir, Molenbeek: l'Escaut Architectures & Atelier Gigogne
Een gebouw van / Any building by Architecten De Vylder Vinck Taillieu
Architectenwoning / House of the architect, Deurne: Renaat Braem

Els Claessens – architecten Els Claessens en Tania Vandenbussche – www.ectv.be
Must see project: **Lokalen jeugdbewegingen / Youth infrastructure, Kustlaan, Blankenberge**

Paleis voor Schone Kunsten / Centre for Fine Arts, Brussel / Bruxelles: Victor Horta
Woongebouw / Residential building, Elsene / Ixelles: Joe Ramaekers
Woning / House Wolfers, Elsene / Ixelles: Henry van de Velde
Omroepgebouw Flagey / Broadcasting building, Elsene / Ixelles: Joseph Diongre
Residenties / Residential buildings Léopold & Albert, Elsene / Ixelles: Jean-Jules Eggericx & Raphaël Verwilghen
Vliegtuigloodsen / Aircraft hangars, Grimbergen: Alfred Hardy
Kantoorgebouw / Office building BBL (ING), Brussel: Gordon Bunshaft (SOM)
Architectenwoning / House of the architect, Sint-Martens-Latem: Jean Van den Bogaerde
Bibliotheek / Library, Schoten: Renaat Braem
Stadshal / City Hall Emile Braunplein, Gent: Robbrecht en Daem architecten & Marie-José Van Hee

Martine De Maeseneer – Martine De Maeseneer Architects – www.mdma.be
Must see project: **Jeugdtheater / Youth theatre Bronks, Varkensmarkt 15, Brussel / Rue du Marché aux Porcs 15, Bruxelles**

Volkshuis / House of the people (afgebroken / destroyed), Brussel / Bruxelles: Victor Horta
Woning / House Wolfers, Elsene / Ixelles: Henry van de Velde
Stocletpaleis / palace, Sint-Pieters-Woluwe / Woluwe-Saint-Pierre: Josef Hoffmann
Woning / House Guiette – Les Peupliers, Antwerpen: Le Corbusier
Buildings in Brussel / Bruxelles by Louis Herman De Koninck
Architectenwoning / House of the architect, Deurne, Renaat Braem
Kerk / Church, Gent: Marc Dessauvage
Kapel / Chapel O.-L.-V. Van Kerselare, Edelare: Juliaan Lampens
Woning / House Van Roosmalen, Antwerpen: bOb Van Reeth
UGent Faculteit Economie / Economics faculty, Gent: Xaveer de Geyter Architecten & Stéphane Beel Architecten
Architectenwoning / House of the architect, Gent: Marie-José Van Hee
MAS museum, Antwerpen: Neutelings Riedijk Architects

Goedele Desmet – BOB.361 architects – www.bob361.com
Must see project: **Bibliotheek / Library, Kerkstraat 111, Dendermonde**

Woning / House Van Wassenhove, Sint-Martens-Latem: Juliaan Lampens
Rectoraats / Rector's office VUB, Elsene / Ixelles: Renaat Braem
Hoofdkantoor / Offices CM, Eeklo: Stéphane Beel Architecten
Concertgebouw / Concert hall, Brugge: Robbrecht en Daem architecten
Studio's Les Ballets C de la B & LOD, Gent: Architecten De Vylder Vinck Taillieu
Woning / House Arteconomy, Sint-Eloois-Winkel: 51N4E
Brug en dijk / Bridge Handelsbeurs, Gent: Office Kersten Geers David Van Severen
Kunstencentrum / Arts centre deSingel fase 1 (oorspronkelijk gebouw / original building): Antwerpen, Léon Stynen
Vliegtuighangars / Aircraft hangars, Grimbergen: Alfred Hardy
Tijdelijke kantoor- en expositieruimte / Temporary office and exhibition space RDF181, Brussel: ROTOR
Tijdelijk onderkomen Beursschouwburg / Temporary room for the Beurs theatre BSBbis, Brussel: B-architecten

Guiseppe Farris – Studio Farris – www.studiofarris.com
Must see project: **Lokettenzaal Vlaams Parlement / Exhibition space 'De Loketten' of the Flemish Parliament, IJzerenkruisstraat 99, Brussel / Rue de la Croix de Fer 99, Bruxelles (i.s.m./with Stefan Schöning)**

Architectenwoning en museum / House of the architect and museum, Sint-Gillis / Saint-Gilles: Victor Horta
Woning / House van Eetvelde, Brussel: Victor Horta
Stocletpaleis / palace, Sint-Pieters-Woluwe / Woluwe-Saint-Pierre: Josef Hoffmann
Kunstencentrum / Arts centre deSingel, Antwerpen: Léon Stynen
Koninklijke serres / Royal greenhouses, Laken / Laeken: Alphonse Balat
Architectenwoning / House of the architect, Deurne: Renaat Braem
MAS museum, Antwerpen: Neutelings Riedijk Architects
Crematorium / Crematory Heimolen, Sint-Niklaas: Klaus en Caan Architecten
Studio's Les Ballets C de la B & LOD, Gent: Architecten De Vylder Vinck Taillieu
Boekentoren / Book tower, Gent: Henry van de Velde

Nicolas Firket – Nicolas Firket Architects (NFA) – www.nfaoffice.com
Must see project: **Woning/House Villa Arra, Queue-du-Bois (Liège)**

Woning / House Laval, Lasne: André Jacqmain
Wereldtentoonstellingspaleis / Palace for the World expo, Liège: Jean Moutschen
Cybernétique toren / tower, Liège: Nicolas Schöffer
Passerelle / Footbridge Mativa, Liège: François Hennebique
Paleis voor Schone Kunsten / Centre for Fine Arts, Brussel / Bruxelles: Victor Horta
Kantoorgebouw / Office building BBL (ING), Brussel: Gordon Bunshaft (SOM)
Institut d'Education Physique Sart Tilman, Liège: Charles Vandenhove
Royal Building, Vorst / Forest: Jacques Cuisinier
Woning / House Van Wassenhove, Sint-Martens-Latem: Juliaan Lampens
Fort Napoleon, Oostende: Onbekend / Unknown & Govaert & Vanhoutte architectuurburo
Torringtonfabriek / Torrington Factory, Nivelles: Marcel Breuer

Eddy François – www.beyondargentaurum.com
Must see project: **Architectenwoning / House of the architect, Deurle**

Kapel / Chapel O.-L.-V. Van Kerselare, Edelare: Juliaan Lampens
Fabriekstoren / Factory tower Sanitary Underwear, Zottegem: Onbekend / Unknown
Medische faculteit / Medical School La Mémé, Sint-Lambrechts-Woluwe / Woluwe-Saint-Lambert (BR): Lucien Kroll
Paviljoen / Pavilion Burg, Brugge: Toyo Ito
Circus Mahy, Gent: Jules-Pascal Ledoux
Boekentoren / Book tower, Gent: Henry van de Velde
Woning / House Arteconomy, Sint-Eloois-Winkel: 51N4E
Europacollege, Brugge: Xaveer De Geyter Architecten
Kunstencentrum / Arts centre deSingel, Antwerpen: Léon Stynen & Stéphane Beel Architecten

Kristof Geldmeyer – Kristof Geldmeyer Architect bvba
Must see project: **Architectenwoning / House of the architect, Antwerpen**

Een gebouw van / Any building by Victor Horta
Stocletpaleis / palace, Sint-Pieters-Woluwe / Woluwe-Saint-Pierre: Josef Hoffmann
Een gebouw van / Any building by Gaston Eysselinck
Een gebouw van / Any building by Huib Hoste
Boekentoren / Book tower, Gent: Henry van de Velde
KBC Boerentoren / Farmers' tower, Antwerpen: Jan Vanhoenacker e.a.
Atomium, Brussel / Bruxelles: André Waterkeyn e.a.
Hellend vlak van Ronquières / Inclined plane of Ronquières
Woning / House Vandenhaute-Kiebooms, Huise: Juliaan Lampens
Architectenwoning / House of the architect, Nieuwpoort: Peter Callebout
Architectenwoning / House of the architect, Sint-Antelinks: Eugeen Liebaut
Kunstencentrum / Arts centre deSingel, Antwerpen: Léon Stynen
Concordia kantoren / offices, Waregem: Vincent Van Duysen Architects

Pieterjan Gijs & Arnout Van Vaerenbergh – Gijs Van Vaerenbergh – www.gijsvanvaerenbergh.com
Must see project: ***Reading between the lines*, Borgloon**

Centraal station (voor de verbouwing) / Central station (original), Antwerpen: Louis Delacenserie
Koninklijke serres / Royal greenhouses, Laken / Laeken: Alphonse Balat
Woning / House Guiette – Les Peupliers, Antwerpen: Le Corbusier
Paleis voor Schone Kunsten / Centre for Fine Arts, Brussel / Bruxelles: Victor Horta
Atomium, Brussel / Bruxelles: André Waterkeyn
Jeugdtheater / Youth Theatre Bronks, Brussel / Bruxelles: Martine De Maeseneer
Collegebrug / bridge, Kortrijk: Ney & Partners
Museum M, Leuven: Stéphane Beel Architecten
MAS museum, Antwerpen: Neutelings Riedijk Architects
Woning / House Bernheimbeuk, GB: Architecten De Vylder Vinck Tailleu

Christoph Grafe – Directeur Vlaams Architectuurinstituut – www.vai.be

(Lakenhalle / Cloth hall, Ieper: Onbekend / Unknown)
(Stadhuis / City hall, Antwerpen: Cornelis Floris)
(O.-L.-V. basiliek / basilica, Scherpenheuvel: Wenceslas Cobergher)
Architectenwoning en museum / House of the architect and museum, Sint-Gillis / Saint-Gilles: Victor Horta
Stocletpaleis / palace, Sint-Pieters-Woluwe / Woluwe-Saint-Pierre: Josef Hoffmann
Kunstencentrum / Arts centre Vooruit, Gent: Ferdinand Dierkens
Boekentoren / Book tower, Gent: Henry van de Velde
Medische faculteit / Medical School La Mémé, Sint-Lambrechts-Woluwe / Woluwe-Saint-Lambert: Lucien Kroll
Architectenwoning / House of the architect, Gent: Marie-José Van Hee
Concertgebouw / Concert hall, Brugge: Robbrecht en Daem architecten

Christian Kieckens – Christian Kieckens Architects – www.christiankieckens.be
Must see project: Woning / House Van Hover-De Pus, Europalaan, Baardegem

Venetiaanse gaanderijen / Venetian galleries, Oostende: Henri Maquet
Stocletpaleis / palace, Sint-Pieters-Woluwe / Woluwe-Saint-Pierre: Josef Hoffmann
Paleis voor Schone Kunsten / Centre for Fine Arts, Brussel / Bruxelles: Victor Horta
Woning / House De Beir, Knokke-Heist: Huib Hoste
Eeuwfeestpaleis / Grand Palace Hall 5 Heysel, Brussel / Bruxelles: Joseph Van Neck
Woning / House Le Parador, Sint-Pieters-Woluwe / Woluwe-Saint-Pierre: Jacques Dupuis
Mijnsite / Mines, Beringen
Institut d'Education Physique Sart Tilman, Liège: Charles Vandenhove
Roosenberg abdij / abbey, Waasmunster: Dom Hans van der Laan
Coupure brug / bridge, Brugge: Jürg Conzett

Bart Lens – Lens°Ass architecten – www.lensass.be
Must see project: **Woning & dierenartsenpraktijk / House & veterinary 'Konijnepijp' (De Meuter), Gaasbeek**

Kunstencentrum / Arts centre C-Mine, Genk: 51N4E
Omroepgebouw Flagey / Broadcasting building, Elsene / Ixelles: Joseph Diongre
Eeuwfeestpaleis / Grand Palace Hall 5 Heysel, Brussel / Bruxelles: Joseph Van Neck
Concentra (originele inkom / original entry), Hasselt: Jaspers-Eyers
Architectenwoning / House of the architect, Gent: Marie-José Van Hee
Woning / House van Roosmalen, Antwerpen: bOb Van Reeth
Woning / House Vandenhaute-Kiebooms, Huise: Juliaan Lampens
Architectenwoning en museum / House of the architect and museum, Sint-Gillis / Saint-Gilles: Victor Horta
MAC's museum, site Grand Hornu (oud- en nieuwbouw / old and new), Hornu: Pierre Hebbelinck
Woningen / Housing complex Hors-Château, Liège: Charles Vandenhove

Pierre Lhoas – Lhoas & Lhoas Architects – www.lhoas-lhoas.com
Must see project: **'Museum Boulevard', Woningen / Housing Project Vanhaerents, Zennestraat, Fabrieksstraat, Anneessensstraat, Brussel / Rue de la Senne, Rue des Fabriques, Rue Anneessens, Bruxelles**

Torringtonfabriek / Torrington factory, Nivelles: Marcel Breuer
Kantoorgebouw / Office building BBL (ING), Brussel / Bruxelles: Gordon Bunshaft (SOM)
Dubbelwoning / Duplex House De Bodt, Elsene / Ixelles: Henry van de Velde
Boekentoren / Book tower, Gent: Henry van de Velde
Medische faculteit / Medical School La Mémé, Sint-Lambrechts-Woluwe / Woluwe-Saint-Lambert: Lucien Kroll
Kunstencentrum / Arts centre deSingel, Antwerpen: Léon Stynen
Woning / House Mourmans, Lanaken : Ettore Sottsass
Passerelle / Footbridge Mativa, Liège: François Hennebique
Architectenwoning / House of the architect, Ukkel / Uccle: Claude Laurens
Stocletpaleis / palace, Sint-Pieters-Woluwe / Woluwe-Saint-Pierre: Josef Hoffmann

MDW Architecture – www.mdwarchitecture.com
Must see project: **Wooncomplex / Housing complex Le Lorrain, Molenbeek**

Woning / House Guiette – Les Peupliers, Antwerpen: Le Corbusier
Villa M, Zedelgem: Stéphane Beel Architecten
Architectenwoning en museum / House of the architect and museum, Sint-Gillis / Saint-Gilles: Victor Horta
Studio's Les Ballets C de la B & LOD, Gent: Architecten De Vylder Vinck Taillieu
Woning / House Van den Schrieck, Herent: Jacques Dupuis
Studentencomplex / Student housing La Mémé, Sint-Lambrechts-Woluwe / Woluwe-Saint-Lambert: Lucien Kroll
MAS museum, Antwerpen: Neutelings Riedijk Architects
Jeugdtheater / Youth theatre Bronks, Brussel / Bruxelles: Martine De Maeseneer Architects

Sara Noel Costa de Araujo – SNCDA et al. – www.sncda.eu
Must see project: **Villa Tiggelpad, Leuven (privéwoning in aanbouw / private house under construction)**

Kantoorgebouw / Office building BBL (ING), Brussel: Gordon Bunshaft (SOM)
Keukentoren / Kitchen tower COOVI, Anderlecht: Xaveer De Geyter Architects
Woning / House Van Wassenhove, Sint-Martens-Latem: Juliaan Lampens
Woning / House Vandenhaute-Kiebooms, Huise: Juliaan Lampens
Vliegtuighangars / Aircraft hangars, Grimbergen: Alfred Hardy
Kunstencentrum / Arts centre C-Mine, Genk: 51N4E

Hilde Peleman – Copyright Art and Architecture Bookshop – www.copyrightbookshop.be

Stocletpaleis / palace, Sint-Pieters-Woluwe / Woluwe-Saint-Pierre: Josef Hoffmann
Atomium, Brussel / Bruxelles: André Waterkeyn
KBC Boerentoren / Farmers' tower, Antwerpen: Jan Vanhoenacker e.a.
Roosenberg abdij / abbey, Waasmunster: Dom Hans van der Laan
Woning / House Berteaux, Ukkel / Uccle: Louis Herman De Koninck
Woning / House Guiette – Les Peupliers, Antwerpen: Le Corbusier
Kapel / Chapel O.-L.-V. Van Kerselare, Edelare: Juliaan Lampens
Paviljoen / Pavilion Middelheim, Antwerpen: Renaat Braem
Woning / House Van Hover-De Pus, Baardegem: Christian Kieckens
Melkerij / Dairyhouse, Gaasbeek: Robbrecht en Daem architecten

Iwan Strauven – Programmator Architectuur BOZAR – www.bozar.be – Docent aan de Faculteit Architectuur Université libre de Bruxelles

Boekentoren / Book tower, Gent: Henry van de Velde
Tuinwijk / Garden district Cité Moderne, Sint-Agatha-Berchem / Berchem-Sainte-Agathe: Victor Bourgeois
Vliegtuighangars / Aircraft hangars, Grimbergen: Alfred Hardy
Voetgangersbrug / Footbridge, Knokke-Heist: Ney & Partners
Woonerf met architectenwoning / Residential area and house of the architect Vierwindenbinnenhof, Tervuren: Willy Van Der Meeren
Paleis voor Schone Kunsten / Centre for Fine Arts, Brussel / Bruxelles: Victor Horta
Melkerij / Dairyhouse, Gaasbeek: Robbrecht en Daem architecten
Concertgebouw / Concert hall, Brugge: Robbrecht en Daem architecten
School Onze-Lieve-Vrouwecollege, Antwerpen: bOb Van Reeth

Eric Soors – META architectuurbureau – www.meta-architectuur.be
Must see project: **Electro Loeters, Dr. E. Moreauxlaan, Oostende**

MAS museum, Antwerpen: Neutelings Riedijk Architects
Winkelpand / Shop C&A, Antwerpen: Léon Stynen
Ontmoetingscentrum / Community centre, Jonkershove: Rapp+Rapp
Architectenwoning / House of the architect, Kapellen: Jo Crepain
Kapel / Chapel O.-L.-V. Van Kerselare, Edelare: Juliaan Lampens
Atlasgebouw / Atlas building, Antwerpen: META architectuurbureau
Vakantiewoning zeedijk / Beachhouse, Zeebrugge: Peter Callebout
Architectenwoning / House of the architect, Deurne: Renaat Braem
Woning / House Van Kerckhove-Guiette, Kapellen: Jul De Roover

Peter Swinnen – Vlaams Bouwmeester – 51N4E – www.51N4E.com
Must see project: **Kunstencentrum / Arts Centre C-Mine, Genk**

Paleis voor Schone Kunsten / Centre for Fine Arts, Brussel / Bruxelles: Victor Horta
Vliegtuighangars / Aircraft hangars, Grimbergen: Alfred Hardy
Kantoorgebouw / Office building BBL (ING), Brussel: Gordon Bunshaft (SOM)
Voormalig BP-gebouw / Former BP-building, Antwerpen: Léon Stynen
Rectoraat / Rector's office VUB, Elsene / Ixelles: Renaat Braem
Kapel / Chapel O.-L.-V. Van Kerselare, Edelare: Juliaan Lampens
Stocletpaleis / palace, Sint-Pieters-Woluwe / Woluwe-Saint-Pierre: Josef Hoffmann
Ravensteingalerij / Ravenstein gallery & Shell building, Brussel / Bruxelles: Alexis & Philippe Dumont
Keukentoren / Kitchen tower COOVI, Anderlecht: Xaveer De Geyter Architects
Tuinwijken / Garden districts Le Logis & Floréal, Watermaal-Bosvoorde / Watermael-Boitsfort: Jean-Jules Eggericx & Louis van der Swaelmen
(Koningsgalerij / Royal gallery, Brussel / Bruxelles: Jean-Pierre Cluysenaer)

Tom Thys en Adinda Van Geystelen – TomThys architecten – www.tomthys-architecten.be
Must see project: **Basisschool / Primary school Sint-Ursula, Laken / Laeken**

Roosenberg abdij / abbey, Waasmunster: Dom Hans van der Laan
Boekentoren / Book tower, Gent: Henry van de Velde
Concertgebouw / Concert hall, Brugge: Robbrecht en Daem architecten
Sportcentrum / Sports centre De Boerekreek, Sint-Jan-in-Eremo: Coussée & Goris Architecten
Woning / House Le Parador, Sint-Pieters-Woluwe / Woluwe-Saint-Pierre: Jacques Dupuis
Kunstencentrum / Arts centre deSingel: Antwerpen, Léon Stynen
Kantoorgebouw / Office building Glaverbel, Watermaal-Bosvoorde / Watermael-Boitsfort: André Jacqmain, Renaat Braem, Pierre Guillissen & Victor Mulpas
Westkaai torens / towers, Antwerpen: Diener & Diener Architekten
Vliegtuighangars / Aircraft hangars, Grimbergen: Alfred Hardy
Woning / House Van Wassenhove, Sint-Martens-Latem: Juliaan Lampens

Leo Van Broeck – Bogdan & Van Broeck Architects – www.bvbarchitects.com
Must see project: **MAD-Faculty (Media & Design Academy), C-Mine site, Genk**

Boekentoren / Book tower, Gent: Henry van de Velde
Citroëngarage, Brussel / Bruxelles: Alexis Dumont
Voormalig BP-gebouw / Former BP-building, Antwerpen: Léon Stynen
KBC Boerentoren / Farmers' tower, Antwerpen: Jan Vanhoenacker e.a.
Peter Panschool, Sint-Gillis / Saint-Gilles: Léon Stynen
Théâtre National, Brussel / Bruxelles: L'Escaut & Atelier Gigogne
Kantoorgebouw / Office building Axa Royale Belge, Brussel / Bruxelles : René Stapels & Pierre Dufau
Kantoorgebouw / Office building Glaverbel, Watermaal-Bosvoorde / Watermael-Boitsfort: André Jacqmain, Renaat Braem, Pierre Guillissen & Victor Mulpas
Residenties / Residential buildings Léopold & Albert, Elsene / Ixelles: Jean-Jules Eggericx & Raphaël Verwilghen
Provinciehuis / Provincial house, Leuven: WIT & Gonçalo Sousa Byrne

Marie-José Van Hee – Marie-José Van Hee architecten – www.belgium-architects.com
Must see project: **ModeNatie / Fashion museum, Nationalestraat, Antwerpen**

Drukkerij / Printing office Sanderus, Oudenaarde: Christian Kieckens Architects
Museum & atelier / workshop – Foundation Jenny & Luc Peire, Knokke: De Bruycker – De Broc
Kapel / Chapel O.-L.-V. Van Kerselare, Edelare: Juliaan Lampens
Woongebouw / Residential building, Molenbeek: architecten Els Claessens en Tania Vandenbussche
Jeugdtheater / Youth theatre Bronks, Brussel / Bruxelles: Martine De Maeseneer Architects
Woonproject / Residential project Limite, Sint-Joost-ten-Node / Saint-Josse-ten-Noode
Studio's Les Ballets C de la B & LOD, Gent: Architecten De Vylder Vinck Taillieu
Melkerij / Dairyhouse, Gaasbeek: Robbrecht en Daem architecten
Stadshal / City Hall Emile Braunplein, Gent: Robbrecht en Daem architecten & Marie-José Van Hee

bOb Van Reeth – awg architecten – www.awg.be
Must see project: **Lombardia, Lombardenvest, Antwerpen**

(Sint-Hubertus galerijen / Galleries of Saint-Hubert, Brussel: Jean-Pierre Cluysenaer)
KBC Boerentoren / Farmers' tower, Antwerpen: Jan Vanhoenacker e.a.
Ventilatiegebouw / Ventilation building Imalsotunnel, Antwerpen
Architectenwoning en museum / House of the architect and museum, Sint-Gillis / Saint-Gilles: Victor Horta
Woning / House De Beir, Knokke-Heist: Huib Hoste
Woningen / Housing complex Hors-Château, Liège: Charles Vandenhove
Tuibrug / Cable stayed brigde Val Benoît, Liège: Greisch
Congres- en erfgoedcentrum / Conference- and heritage centre Lamot, Mechelen: 51N4E
Concertgebouw / Concert hall, Brugge: Robbrecht en Daem architecten

En ook / Also:

Stocletpaleis / palace, Sint-Pieters-Woluwe / Woluwe-Saint-Pierre: Josef Hoffmann
Bourlaschouwburg / -theatre, Antwerpen: Pierre Bourla
Voormalige koffiebranderij / Former coffee roasting house, De Burburestraat nr. 6-8, Antwerpen: J.L. Hasse
Site Tour & Taxis (Thurn & Taxis), Brussel / Bruxelles : Van Humbeek e.a.
Woning / House van Roosmalen, Antwerpen: bOb Van Reeth

Carl Verdickt – Verdickt & Verdickt Architecten – www.verdicktenverdickt.be
Must see project: **Herbestemming WDT-treinloodsen / Transformation WDT-trainsheds, Park Spoor-Noord, Antwerpen**

Voormalig PTT-gebouw / Former postoffice, Oostende: Gaston Eysselinck (& B-architecten)
Architectenwoning / House of the architect, Deurne, Renaat Braem
Voormalig BP-gebouw / Former BP-building, Antwerpen: Léon Stynen
MAC's museum, Hornu: Pierre Hebbelinck
Fort Napoleon, Oostende: Govaert & Vanhoutte architectuurburo
Kunstencentrum / Arts centre C-Mine, Genk: 51N4E
Vleeshuis / Meat house, Gent: Coussee & Goris architecten
Serrewoning / Glass house, Asse: Verdickt & Verdickt Architecten
Keppel-Seghers, Herbestemming brouwerij tot kantoorsite / Transformation brewery into offices Klein-Willebroek, Samyn and partners & Verdickt & Verdickt Architecten

Peter Vermeulen – Stramien, Architectuur en Ruimtelijke Planning – www.stramien.be

Must see project: **Voormalig locomotiefdepot (nu polyvalente ruimte) / Former train depot (now a polyvalent space), Park Spoor Noord, Hardenvoort, Antwerpen**

Sint-Benediktusabdij / -abbey, Vaals: Dom Hans van der Laan
Voormalig BP-gebouw / Former BP-building, Antwerpen: Léon Stynen
Centraal station / Central station, Antwerpen: Louis Delacenserie
Woonblok / Residential building, Evere: Charles Van der Meeren
Woning / House Guiette – Les Peupliers, Antwerpen: Le Corbusier
Woonblokken / Social housing Kiel, Antwerpen: Renaat Braem
Tuinwijken / Garden districts Le Logis & Floréal, Watermaal-Bosvoorde / Watermael-Boitsfort: Jean-Jules Eggericx & Louis van der Swaelmen
Sanatorium Joseph Lemaire, Tombeek: Maxime Brunfaut
Architectenwoning en museum / House of the architect and museum, Sint-Gillis / Saint-Gilles: Victor Horta
Domein Hofstade / Hofstade domain: Victor Bourgeois (masterplan), Maxime Wynants, Felix Milan & Charles Van Nueten

Yves Weinand – Bureau d'Etudes Weinand – www.weinand.be

Must see project: **Culturele ruimte / Cultural space Victor Jara, Soignies**

Cinema Sauvenière, Liège, V+
Manége theater / theatre, Mons, Pierre Hebbelinck
Théâtre National, Brussel / Bruxelles: L'Escaut & Atelier Gigogne
Hergé museum, Louvain La Neuve : Christian de Portzamparc
MAS museum, Antwerpen: Neutelings Riedijk Architects
Brigittinenkapel / Les Brigittines, Brussel / Bruxelles: Andrea Bruno
Dépôts Pyrex, Sint-Jans-Molenbeek / Molenbeek-Saint-Jean: ArchitectsLab
Wooncomplex / Housing complex Savonnerie Heymans, Brussel / Bruxelles: MDW Architecture
L28 woonproject / Housing complex, Sint-Jans-Molenbeek / Molenbeek-Saint-Jean: B-architecten
Musée de la Photographie, Charleroi: L'Escaut

COLOFON / CREDITS

BELGIUM'S BEST BUILDINGS

Samenstelling en tekst /
Compilation and text: Hadewijch Ceulemans
Vertaling / Translation: Billy Nolan
Grafische vormgeving / Graphic design: Joke Gossé

Cover: Boekentoren/ Book tower Gent,
architect Henry van de Velde
© Ugent Foto/Photo: Walter De Mulder

D/2012/12.005/1
ISBN 978 94 6058 0819
NUR 648

www.lusterweb.com